Christa Meves
Verhaltensstörungen bei Kindern

Serie Piper

Mit einer Gesamtauflage von 3 Millionen Exemplaren erreichte das literarische Werk von Christa Meves 1982 eine beachtliche Höhe, die um so erstaunlicher ist, als ihre Publikationen nicht zeitkonform sind und infolgedessen praktisch keine Verstärkung durch Funk und Fernsehen erfuhren. Woran liegt das? Die »Verhaltensstörungen bei Kindern«, 1971 in der Serie Piper in der ersten Auflage erschienen, können darüber zentralen Aufschluß geben; denn dieses Buch zeigt, daß der Autorin auf dem Boden einer ungewöhnlichen Ausbildungskombination – Psychopathologie, Psychologie und Pädagogik – bei gleichzeitiger Praxisnähe durch Mutterschaft und durch ihre therapeutische Arbeit mit gestörten Kindern und Jugendlichen eine weiterführende entwicklungspsychologische Theorie und Systematik gelang, die sich in der Praxis als relevant erweisen. Die Neurosen der Erwachsenen, Volkskrankheit Nr. 1 in den zivilisierten Ländern – so läßt sich bei Christa Meves lernen –, beruhen auf Deformierungen der vitalen Grundantriebe, die es bei Mensch und höherem Tier gleichermaßen gibt. Der Vergleich der Verhaltensstörungen bei Kindern, der Erstsymptome späterer Neurosen, mit denen von Tieren, deren vitale Antriebe künstlich zur Entartung gebracht wurden, dient der Autorin zur Absicherung ihrer wissenschaftlichen Hypothese. Sie hat sich als nachprüfbar erwiesen. Ihre Beschreibungen sind zutreffend, ihre Rückschlüsse erhellend, ihre Prognosen sind eingetreten. Das erklärt den Erfolg der Schriften von Christa Meves bei den zahllosen an ihren seelischen Nöten so bitter leidenden Menschen unserer Zeit.

*Christa Meves*, geboren 1925 in Neumünster. Studium an den Universitäten Breslau, Kiel und Hamburg. Ausbildung zur analytischen Kinder- und Jugendlichen-Psychotherapeutin in Göttingen. Frei praktizierend in Uelzen. Veröffentlichungen: Die manipulierte Maßlosigkeit, 1971; Erziehen lernen, 1971; Ehe-Alphabet, 1973, u. a.

Christa Meves

# Verhaltensstörungen bei Kindern

R. Piper & Co. Verlag
München Zürich

ISBN 3-492-00320-6
8. Auflage, 58.–62. Tausend 1983

Umschlag: Disegno
Gesamtherstellung: Clausen & Bosse, Leck
Printed in Germany

# Inhalt

# Einführung

Wenn man über lange Zeit Kinder mit Verhaltensstörungen beobachtet, so wird ein Phänomen sichtbar, das nach Erklärung heischt: der einheitliche Grundcharakter dieser Erkrankungen und ihrer Abläufe. Er zeigt sich um so deutlicher, je genauer man die Kinder in ihren vielfältigen einzelnen Handlungsweisen beobachtet, je gründlicher man die biographischen Daten eruiert, je mehr man sich um das Erfassen der so unterschiedlichen Lebensumstände bemüht. Durch die Vielfalt der Lebenserscheinungen, durch die verwirrende Fülle voneinander abweichender Besonderheiten des Individuums und seiner Umgebung scheint die Einheitlichkeit eines allgemeingültigen Grundes hindurch. Ein Beispiel soll das erläutern:

Ein Kind steht in der Ecke eines Schulhofs, allein. Gelegentlich kommen lärmend Gruppen von Kameraden vorbeigerannt. Sie stoßen es, unabsichtlich oder absichtlich. Das Kind rührt sich nicht. Es spielt nicht mit, es verteidigt sich nicht, es versucht sich allenfalls durch stärkeres Absondern zu schützen.

Sammelt man jetzt solche kleinen Sonderlinge, wie es ja in einer psychagogischen Praxis geschieht, so ergibt sich, daß viele eine Reihe charakteristischer Abwegigkeiten zusätzlich ausgebildet haben. Sie kratzen oder reißen, reiben, drücken, lecken, lutschen, beißen oder zerren meistens einförmig und in einer starren Unausweichlichkeit an ihrem eigenen Körper herum. Das heißt: jedes dieser Kinder ist zur Zeit meist auf eine einzige Besonderheit spezialisiert. Der eine reißt die Fingernägel, der andere zerbeißt die Wangenhäute, der dritte onaniert, der vierte reißt die Haare aus, der fünfte zerkratzt eine immer gleiche Hautstelle, der andere lutscht am Daumen. Oft sind ähnliche Handlungen an fremden Objekten in übersteigerter, wenn auch häufig in mehr versteckter oder abrupt vereinzelter Weise feststellbar. Schlagen, zerreißen, schimpfen, treten, stoßen, bohren, stechen, raffen, sammeln, schmieren, verschlingen.

Gelegentlich wird die Objektwahl dabei wenig realitätsgerecht vollzogen. Die Tätigkeit an sich drängt sich verabsolutierend in den Vordergrund: Ein Kind läuft ziellos und unmotiviert weg, es bekommt Jähzornsausbrüche, es sammelt alles, vom Apfelkern bis zum Silberpapier, es säubert alles, auch wenn es längst sauber ist, es verschlingt undifferenziert und ohne Genuß in bedauernswerter Gier, es stiehlt, was auch immer ihm gerade in die Quere kommt. Außerdem kommt es bei solchen Kindern häufig zu körperlichen Leiden, denen aber typischerweise selten eine anatomisch-pathologische Veränderung, sondern eine Funktionsstörung zugrunde liegt: chronisch funktionelle Störungen des Magen-Darm-Traktes, chronische Störungen der Atmungswege, Dauerschnupfen oder chronisch rezidivierende Bronchitiden, Asthma bronchiale, chronische Funktionsstörungen der Blase, Einnässen am Tage oder des Nachts, chronische Funktionsstörungen im Sprachvollzug oder chronische Funktionsstörungen in den Abläufen der Muskulatur.

Haben unsere kleinen Sonderlinge eine Reihe solcher Leiden absolviert, d. h. sollte man es geschafft haben, die Verhaltensstörungen mit drastischen Dressurmaßnahmen alle abzugewöhnen (was glücklicherweise selten gelingt), so bleibt ein in jeder Hinsicht leistungsschwacher Kümmerling übrig. Und weil wir das aus Unwissenheit heute an unseren Kindern hundertfältig praktizieren, nicht zuletzt deshalb brauchen wir immer mehr Sonderschulen für unsere Seelenkrüppel, nicht zuletzt deshalb wächst die Zahl der seelisch verstümmelten, chronisch körperlich leidenden Erwachsenen, die nie in die Lage kommen, ihre ursprünglichen Entfaltungsmöglichkeiten zum Tragen zu bringen.

Nachdem solche Krankheitsbilder und -abläufe, die sogenannten Neurosen, seit ihrer Entdeckung durch Sigmund Freud immer mehr in Erscheinung traten, sind Versuche unternommen worden, der Gesetze habhaft zu werden, aufgrund deren die Störungen entstehen und sich vollziehen.

Dabei hat sich herausgestellt, daß seelische Störungen, die die Lebenslinien von Menschen verbiegen und verstümmeln können, in den ersten fünf Lebensjahren ihren Anfang nehmen. Ja, erstaunlicherweise haben gefangene Tiere außerordentlich ähnlich aussehende Verhaltensstörungen.

Es soll uns im folgenden die Frage beschäftigen, ob ein Vergleichen der Entstehungsursachen solcher Störungen uns Einsichten vermitteln kann in die Struktur seelischer Erkrankungen. Dazu bedürfen wir zunächst einer Vorüberlegung: Wenn wir Menschen beginnen, unsere Verhaltensweisen mit denen von Tieren zu vergleichen, um daraus eventuell ein besseres Verständnis unbewußter Motivationen zu gewinnen, so pflegt das erfahrungsgemäß Unbehagen, ja, aggressionsgeladene Abwehr hervorzurufen. Das hat gewiß seine Berechtigung, aus zwei Gründen: Das Verhalten des erwachsenen Menschen ist so komplex, so plastisch, so variabel, daß viele Vergleiche, die er zum Tier in bezug auf Verhaltensweisen herstellt, zu unzulässigen Analogieschlüssen führen. Aber selbst in den Fällen, in denen ein Vergleich berechtigt ist, wenn etwa davon gesprochen wird, daß die Handlungen des Menschen auch von Trieben gelenkt werden können, pflegen leidenschaftlich abwehrende Reaktionen aufzutreten. Aus solchen Stimmen spricht meist die Furcht vor einem übersteigerten Biologismus. Man wähnt, zu einem Wesen herabgewürdigt zu werden, das in seinen Handlungen gänzlich determiniert sein könnte, so daß sich das Gefühl, ein handlungs- und entscheidungsfreier Mensch werden zu können, als eine leere Täuschung erweisen und das Streben nach dieser Freiheit sich erübrigen könnte.

Meines Erachtens sind nun die Erkenntnisse, die sich aus der Verbindung von Kinderpsychotherapie und Tierverhaltensforschung gewinnen lassen, geeignet, diese Schwierigkeiten beiseite zu räumen. Denn beim jungen Kind sind die Verhaltensweisen überschaubarer als beim erwachsenen Menschen. Schränken wir das Vergleichen mit Tieren auf die frühe Kindheit des Menschen ein, so wird die Furcht des Menschen, seiner Freiheit beraubt zu werden, nicht mobilisiert, und erst unter der Voraussetzung so einer emotionsfreien Atmosphäre könnten die neuen Erkenntnisse annehmbar und damit nutzbar werden für eine Steigerung der Kräfte und Fähigkeiten des Menschen.

Daß wir berechtigt sind, Menschen mit Tieren zu vergleichen, läßt sich vornehmlich an den ähnlichen Verhaltensstörungen von Kindern und Tieren ablesen. Die Skala dieser Übereinstimmungen ist erstaunlich groß, und ich möchte einführend über eine Reihe von Beispielen dieser Art berichten.

Unter den Symptomen, die ankündigen, daß das Kind in der

Gefahr ist, ein Neurotiker zu werden, sind häufig Stereotypien zu finden. Zunehmend häufiger bekommen wir z. B. die »jactatio capitis« zu sehen, ein Hin- und Herbewegen von Kopf und Oberkörper, meist vor dem Einschlafen, in schweren Fällen auch während des Schlafens und schließlich selbst am Tage. In der überwiegenden Mehrzahl der Fälle beginnt das Leiden bereits in der Säuglingszeit, und häufig läßt sich eruieren, daß das Kind unter erheblichen Frustrationen, unter Mutter-Kind-Trennungen oder langen Schreizeiten, hat leiden müssen. Solche Jactationen gibt es nun – wie vor allem Harlow nachgewiesen hat – auch bei Affenbabys, wenn man sie als Säuglinge ihren Müttern entreißt und isoliert aufzieht.

Einen ähnlichen Hintergrund hat häufig die Stereotypie von Kindern, sich mit der Zunge die Lippen zu belecken. Oft sind solche Kinder abrupt abgestillt und von ihren Müttern getrennt worden. Auch bei Kälbern, die man aus dem Eimer füttert, gibt es die Stereotypie des Zungenschlagens, das sich dadurch beseitigen läßt, daß man die Kälber mit einem Saugnippel, also mit einer Zitzenattrappe, ernährt.

Nicht nur Kinder lutschen häufig lange über die Säuglingszeit hinaus am Daumen. Auch Affenkinder tun das, freilich nur dann, wenn sie nicht bei ihrer Mutter gesaugt haben, sondern mit einer Flasche großgezogen worden sind.

Viele Kinder manipulieren in einer zerstörerischen Weise an ihrem eigenen Körper. Das Abreißen der Nagelhäute, das Haarausreißen, das Nägelbeißen, das Zerbeißen der inneren Wangenhäute, das Schorfkratzen einer immer gleichen Wunde kann bei diesen Kindern oft über Jahre andauern. Bei vielen gefangenen Tieren hat man ähnliche Stereotypien beobachtet. Harlow z. B. berichtet, daß gefangene Affen oft bis zu hundertmal am Tage solche Beiß- und Reißbewegungen am eigenen Körper praktizieren. Ebenso ist es eine den Hühnerhaltern allbekannte Erscheinung, daß Hühner, die man auf engem Raum käfigt, sich die Federn ausrupfen. Auch Pferde zerbeißen ihre Krippen, und zwar nicht aus Futtermangel, sondern weil sie nicht genügend Auslauf bekommen. Andere Zootiere laufen in einer übersteigerten Weise unruhig umher, zerstören Gegenstände im Käfig und beschädigen sich selbst.

Wenn man sich nun die Frage stellt: warum treten solche Verhaltensstörungen bei Tieren lediglich in der Gefangenschaft auf und nicht im freien Wildleben, so ergibt sich die Vermutung, daß sich Störungen dann einstellen, wenn die Tiere etwas entbehren müssen, was für sie notwendig ist. Pferde z. B. sind Lauftiere. In dieser Tierart existiert angeborenerweise ein besonders starker Drang, sich zu bewegen, laufend weite Strecken zu überwinden. Dieser Drang wird blockiert, wenn so ein Tier lange unbewegt im Stall stehen muß. Es entwickelt sich in dem Tier anscheinend jetzt eine gesteigerte Triebspannung, die ein Ventil braucht und es in dem stereotypen Zernagen der Krippe findet. Anscheinend gibt es bei den verschiedenen Tierarten verschieden geartete und verschieden starke Triebe, die angeborenerweise vorhanden sind und den Sinn haben, Handlungen durchzuführen, die die Lebens- und Arterhaltung dieser Tiere garantieren. Die Tierverhaltensforschung ist zwar eine sehr junge Wissenschaft, und mit den experimentellen Versuchen, serienweise und an verschiedenen Tierarten die Verhaltensabfolgen zu erforschen und zu messen, steht man erst am Anfang. Es sind aber sowohl in der Tierverhaltensforschung als auch in der Kinderpsychotherapie Theorien aufgrund von Verhaltensbeobachtungen entstanden, und zwar die Antriebslehre der Schultz-Hencke-Schule und die Instinktlehre der Ethologen. Sie machen Aussagen über die Ätiologie solcher Verhaltensstörungen. Es scheint mir nun zunächst notwendig, diese Theorien zu referieren. Sie vermitteln ein besseres Verständnis für die Ähnlichkeit der Abläufe bei der Entstehung solcher Störungen. Denn gerade in bezug auf die Verursachung der Verhaltensstörungen enthalten diese Theorien von Zoologen und Psychotherapeuten vergleichbare Vorstellungen – und das ist um so interessanter und bemerkenswerter, als sie Folgerungen darstellen aus praktischen Erfahrungen mit gestörten Kindern und experimentellen Beobachtungen an Tieren. Sie wurden in Institutionen gewonnen, die sich noch bis vor kurzem und zum Teil heute noch so wenig kennen, daß sie gar nicht auf die Idee kamen, zusammenzuarbeiten. Um so überraschender ist deshalb die häufige Ähnlichkeit der Untersuchungsergebnisse.

In der Antriebslehre wird mit der Theorie gearbeitet, daß Fehlverhaltensweisen auf der Hemmung eines Antriebs beruhen. Es gibt nach dieser Lehre eine ganze Reihe solcher Antriebe, die sich in den ersten Lebensjahren des Menschen entfalten, so die Antriebe, Nahrung und Besitz zu ergreifen und festzuhalten, den Antrieb, sich neugierig zuzuwenden und sich zu interessieren, den aggressiven und den sexuellen Antrieb, um nur die wichtigsten zu nennen. Diese Antriebe sind – der Theorie nach – notwendig für die Befriedigung von Bedürfnissen, die zunächst der Selbsterhaltung, später auch der Arterhaltung dienen. Die Möglichkeit zur Erfüllung dieser Bedürfnisse wächst dem Menschen auf seinem Lebensweg durch Reifung, d. h. durch Vervollkommnung einer Funktion auf dem Weg der Selbstentfaltung, und durch Lernen, d. h. durch Funktionsvervollkommnung mit Hilfe von Funktionsbetätigung, also durch Wiederholen und Üben zu. Bei der Analyse dieser Vorgänge befleißigt sich die Antriebslehre betont einer subjektiv-psychologischen Betrachtungsweise. Sie spricht davon, daß das Üben, Wiederholen und Befriedigen jenes Antriebs, der im Begriff steht, sich zu entfalten, mit positiven, lustvollen Gefühlstönungen gekoppelt ist, durch die die Entwicklungsvorgänge beschleunigt, verstärkt, ja möglicherweise gar erst gewährleistet werden. Diese gefühlsmäßige Beteiligung einerseits und der erhebliche Antriebsüberschuß andererseits pflegen, der Theorie nach, das Erreichen der jeweils notwendigen Reifungsvorgänge zu garantieren – es sei denn, daß durch langdauernde Behinderungen verschiedenster Form Antriebshemmungen hervorgerufen werden. Sie entstehen dadurch, daß das Kind über lange Zeit immer wieder außerordentlich unangenehme Erfahrungen macht, wenn es versucht, diesen Antrieb zu tätigen. Das führt zu negativen Gefühlsassoziationen und dadurch zur Verdrängung der Antriebsimpulse. Die Entstehung von Gehemmtheiten beruht also, wie jede Dressur, auf Lernakten mit Hilfe bedingter Reflexe. Diese Antriebshemmungen führen nun zu ganz bestimmten Verhaltensweisen der also geschädigten Kinder. Sehr selten nämlich werden die Antriebe so weitgehend gedrosselt, daß daraus eine vollkommene Einstellung der entsprechenden Aktivität entsteht – das ist nur bei den schwersten Formen kindlicher Neurosen so. Im allgemeinen gelingt die Drosselung nicht vollständig. Es bleiben Reste des Antriebs erhalten. Er tritt verstümmelt, in seelischen Erkrankungen und Fehlverhaltensweisen des also gehemmten Kindes wieder ans Tageslicht, d. h. die gestaute Erregung findet am inadäquaten Objekt und mit inadäquater Vehemenz ein Ventil. Nachhaltig und folgenschwer sind, wie wir aus der täglichen Praxis wissen, die Auswirkungen solcher Antriebsgehemmtheiten, die in der frühen Kindheit entstanden sind: Der Mangel an Befriedigung des entsprechenden Antriebs führt zu einer Funktionsschwäche, zu einem jeweils verschiedenen Unvermögen und dadurch zu Reaktionsbildungen und Überkompensationen einerseits und zu einer Fixierung an diese frühe Entwicklungsstufe, das heißt in eine Gestimmtheit chronisch gesteigerter, unbefriedigter Bedürfnisspannung andererseits. Die erhöhte Spannung des behinderten Antriebs beschwört zudem die Gefahr inadäquater Durchbrüche durch die Gehemmtheit herauf. Diese dumpfen Selbstheilungsversuche per Durchbruch erreichen aber selten ihr Ziel. Das Unangepaßte der Handlung verhindert den Erfolg und damit die Befriedigung. Die Spannung bleibt erhalten und fördert suchtartiges Suchen und inadäquates Tätigen des Antriebs. Auf diese Weise entstehen Süchte, Stereotypien, Zwangshandlungen verschiedenster Art.

Umwelteinflüsse, die lebensnotwendige Antriebe anfänglich drosseln, können den Lebensaufbau eines Menschen also tiefgreifend verbiegen dergestalt, daß die steuernden Verstandeskräfte später nicht in zureichendem Maße das Verhalten und die Handlungen dieser Menschen bestimmen, sondern daß diese Neurotiker in einer tragischen Weise auch als Erwachsene unter der schicksalhaften Diktatur überschießender oder fehlgesteuerter, weil an der Wurzel unbefriedigter Antriebe stehenbleiben.

Die Hemmung und Verdrängung verschiedener Antriebsbereiche führt also zu der Entwicklung bestimmter Fehlverhaltensweisen. Sie dominieren im Charakter solcher Menschen und bestimmen weitgehend ihr Lebensschicksal. Nach der Theorie dieser sogenannten Antriebslehre bauen sich auf vier verschiedenen Antriebsstörungen vier verschiedene Charakterstrukturen auf.

Die Verdrängung des sogenannten *oral-kaptativen* Antriebserlebens bewirkt zum Beispiel die Entstehung der *depressiven* Charakterstruktur. Diese Störung hat – wie wir sehen – ihre Ursache in der Säuglings- und Kleinkindzeit, und zwar dadurch, daß der Säugling unter Angst seine Impulse zum oralen Zugreifen verdrängt. Das Kind mag infolgedessen auch in Zukunft nicht mehr zugreifen und zupacken dort, wo es nötig wäre. Es wird passiver, resigniert leichter, verzichtet in Situationen, wo es nötig wäre, sich durchzusetzen. Die neurotische Depression ist der Endzustand eines solchen Unvermögens zum Zugreifen. Freilich pflegt die Hemmung im allgemeinen so total nicht zu sein. Die gedrosselten Impulse setzen sich häufig teilweise dennoch durch. Sie zeigen sich im Lebensschicksal neurotisch Depressiver als gierige Unersättlichkeit, ja gelegentlich sogar als Durchbruch zum Diebstahl. Menschen mit solchen Störungen sind also einerseits überbescheiden und andererseits ansprüchlerisch in individuell verschiedener Ausprägung. Die Entwicklung zu solch einer Charakterstruktur zeigt sich schon in der Kindheit. Meist haben die Kinder sogenannte neurotische Symptome von der Art, wie sie eben beschrieben wurden.

Eine zweite seelische Fehlentwicklung führt in die *schizoide* Charakterstruktur. Sie entsteht ebenfalls in der Säuglingszeit, wenn das *intentionale* Antriebserleben eines Kindes unter Angst verdrängt wurde. Damit ist nach Schultz-Hencke eine Störung der »aktiven Gefühlszuwendung zur Welt« gemeint. Sie bewirkt, daß solche Menschen später nur unzureichend Kontakte mit ihren Mitmenschen aufnehmen können. Das hat zur Folge, daß sie sich isolieren. Häufig mangelt es ihnen aber auch aufgrund ihrer Störungen bereits am Interesse an ihrer Umwelt. Die Reste der gedrosselten Impulse zeigen sich als übertriebene Neugier, als Taktlosigkeit. Auch hier haben meist bereits die Kinder neurotische Symptome, Schulnöte und Anpassungsschwierigkeiten. Später sind charakterliche Ausprägungen vom ungeselligen bis zum hochgradig schizoiden Sonderling möglich.

Die *zwangsneurotische* Charakterstruktur baut sich vornehmlich auf einer Hemmung des *aggressiven* Antriebserlebens auf. Auch diese Fehlentwicklung hat ihren Entstehungspunkt in der Kindheit, und zwar im 2. und 3. Lebensjahr des Menschen, zu einer Zeit, in der das Kind seine erste Trotzphase durchmacht. Maßnahmen, die die »handelnde Weltbewältigung« eines Kindes behindern, bewirken die Verdrängung solcher Impulse und ein Unvermögen, spontan zu handeln. Skrupelhaftigkeit, Pedanterie, Übergefügigkeit sind die Charakterzüge, die sich dadurch ausprägen. Die gedrosselten Impulse treten versteckt oder auch durchbrechend in aggressiven

Handlungen meist dennoch in Erscheinung: Jähzorn, Sadismus, das Quälen von Untergebenen sind häufig im Zuge solcher Fehlentwicklungen feststellbar. Vom steif-korrekten Pedanten bis zum Zwangskranken sind hier alle Übergänge möglich. Neurotische Erstsymptome treten bereits meist in dem Alter auf, in dem die Störung entsteht.

Das *sexuelle* Antriebserleben kann, wenn es gestört wird, zur *hysterischen* Charakterstruktur führen. Der Ansatz dazu liegt bereits im Alter von 4–5 Jahren.

»Stößt das Kind mit seinen Zärtlichkeits- und frühen, noch unreifen sexuellen Impulsen von vornherein auf Härte, Ablehnung oder Verbote, so werden meist sehr zeitig alle mit solchen Wünschen verbundenen Vorstellungen verdrängt.«[1]

Wenn nun später, im Erwachsenenalter, sexuelle Impulse oder Wünsche auftauchen, kommt es unter Angst häufig zu körperlichen Symptomen, wie Zittern, Herzsymptomatik, Ohnmacht und Erbrechen. Die Menschen dieser Charakterstruktur leiden an Genitalangst. Ist die Verdrängung der sexuellen Impulse nicht vollständig, so sind sie von einem betriebsamen Sich-zur-Schau-stellen-müssen erfüllt. Symptome, die die Störungen anzeigen, werden hier auch bereits im Schulalter beobachtet.

Schwidder, ein maßgeblicher Vertreter der Theorien Schultz-Henckes, faßt diese Folgeerscheinungen von Gehemmtheiten folgendermaßen zusammen:

»Als einschneidendste Folgeerscheinung der Gehemmtheiten für den Aufbau des Charaktergefüges kann die Ausschaltung von Wirkkräften angesehen werden. Strebungen, die ursprünglich lebendig waren, können völlig fehlen, oder das Antriebserleben kann rudimentär sein. Dieses Fehlende, die Lücken können hauptsächlich das Wahrnehmungs- und Vorstellungserleben, den Gefühlsbereich oder die motorische Impulsseite des Antriebserlebens betreffen. Auf die totalen oder partiellen Erlebnislücken stellt sich das Kind in seinem Verhalten ein. Hatte Freud hauptsächlich nachgewiesen, wie sich verdrängte und abgewehrte Triebregungen in anderer, oft

1 W. Schwidder, Neoanalyse. In: Handbuch der Neurosenlehre und der Psychotherapie. München, Berlin 1959, S. 199.

sehr verborgener Form zeigen, weist Schultz-Hencke auf die Bedeutung des Fehlenden, der Lücken, mit Nachdruck hin, da hier ein neuer therapeutischer Ansatzpunkt besteht.

Als Begleiterscheinungen der Gehemmtheit beeinflussen Angst und Schuldgefühle die charakterliche Entwicklung entweder auf direktem Wege (Ängstlichkeit, Flucht- und Rückzugstendenzen, Zweifel, Unentschlossenheit, Skrupulosität) oder indirekt, indem die sekundäre Abwehr und Unterdrückung von Angst und Schuldgefühlen dauernd erhebliche Kräfte beanspruchen kann.

Hinter Haltungen, Fehlerwartungen, Riesenansprüchen, Ersatzbefriedigungen oder anderen Erscheinungsformen verborgene rudimentäre Antriebserlebnisse führen zu irrealen, irrationalen Verhaltensweisen und haben damit einen stark prägenden Einfluß auf das Charaktergefüge.

Wenn eine ständige Mobilisierung des gehemmten Antriebserlebens droht, zum Beispiel, falls konflikthafte Vorstellungen immer wieder in das Erleben einbrechen, kann eine verstärkte Ausbildung starrer Charakterzüge zur Festigung der Gehemmtheit stattfinden. Dies ist der Spezialfall, für den der psychoanalytische Terminus »reaktive Charakterbildung« im engeren Sinn zutrifft.

Die spezifische Eigenart der neurotischen Charakterstruktur ist außer von den erwähnten genotypischen und peristatischen Faktoren von dem Ausmaß und dem Quale der hemmenden Einflüsse, den hauptsächlich betroffenen Antriebsbereichen und dem Zeitpunkt der Entstehung der wichtigsten Gehemmtheiten abhängig. Diese Erkenntnis und die Feststellung von Charaktereigentümlichkeiten, die bei bestimmten Neurotikern regelmäßig zu beobachten und in ihrer Entstehungsgeschichte zu verfolgen sind, waren die Ausgangspunkte für die Beschreibung der Grundformen neurotischer Charakterstrukturen (schizoide, depressive, zwangsneurotische, hysterische Struktur).«[2]

Diese sogenannte »Antriebslehre« gibt ein brauchbares Rüstzeug für die praktische Arbeit der Kinderpsychotherapie ab. Sie verifiziert sich in der Praxis nicht etwa allein am Erfolg (denn das ist ein fragwürdiges Kriterium). Sie erleichtert Diagnostik durch die

2 W. Schwidder, a.a.O., S. 189.

Systematik ihrer Zuordnungen, sie gestattet Voraussagen, die sich bestätigen, und ermöglicht es, aufgrund der Symptome gezielte Anamnesen zu erheben, die die Theorie der phasenbedingten Ätiologie immer wieder in verblüffender Weise unterstreicht.

Ich habe es mir in dieser Arbeit zur Aufgabe gemacht, jene eben erwähnten »Ersatzbefriedigungen und andere Erscheinungsformen verborgener, rudimentärer Antriebserlebnisse« in den Mittelpunkt der Betrachtungen zu stellen, weil sie häufig in ähnlicher Weise bei Menschen und Tieren in Erscheinung treten und geeignet sind, gründlichere Kenntnisse über normale oder pathologische Triebentwicklung zu gewinnen.

Solch ein Versuch der systematischen vergleichenden Beschreibung der Störungen bei Menschen und Tieren auf dem Boden der Antriebslehre ist bisher noch nicht gemacht worden. Das erscheint mir aber um so lohnender, als die Antriebslehre biologischer Denkweise ohnehin nahesteht, vor allem dadurch, daß sie die Lehre vom bedingten Reflex in die Arbeitshypothese der Neurosenentstehung eingebaut hat.

Es hat jedoch gewiß seinen guten Grund, daß eine solche Untersuchung bisher fehlt. Immer wieder warnt vor allem A. Dührssen davor, Triebgeschehen beim Menschen mit dem des Tieres völlig gleichzusetzen. Die Antriebslehre spricht kaum vom Trieb und Triebgeschehen, sondern grundsätzlich von Antrieb und Antriebserleben in bezug auf den Menschen und zeigt damit deutlich ihre Bemühungen, die Triebbereiche des Menschen von denen des Tieres abzuheben.

Ich hoffe zu zeigen, daß wir einen Vergleich auf dieser Ebene nicht zu scheuen brauchen, ja, daß gerade der Vergleich des Vergleichbaren das Wesen des spezifisch Menschlichen um so deutlicher hervorzuheben in der Lage ist.

Es liegt mir fern zu verleugnen, daß der Mensch mehr ist als ein Tier, im Gegenteil: Die Erkenntnis, daß Entwicklung sich durch eine Kette von Verwandlungen vollzieht, daß Leben grundsätzlich auf Differenzierung angelegt zu sein scheint, erweist sich als zukunftsträchtig für eine Neuorientierung des Menschen.

Sie liegt in der Erfahrung der Biologen, daß »Entwicklung sich nicht durch Addition, sondern durch Integration vollzieht, nämlich durch innere Aufgliederung bei gleichzeitigem Zusammenschluß zu höheren Einheiten.«[3]

Die Einführung dieses biologischen Entwicklungsbegriffs in die Humanpsychologie eröffnet eine Fülle neuer Perspektiven, auf die Konrad Lorenz 1954 bereits mit Nachdruck hinwies. Er schreibt:

»Wer die Psychologie des Menschen als induktive Naturwissenschaft betreiben will, kann sich unmöglich der Tatsache verschließen, daß der Mensch ein *Lebewesen* ist. . . Will man als Naturforscher die speziellen und unermeßlich komplexen Gesetzlichkeiten, die menschliches Verhalten und Seelenleben beherrschen, auf natürlichem Wege erklären, d. h. sie auf die nächstweiteren und -allgemeineren Naturgesetze zurückführen, so erhebt sich die Frage, welches diese *basaleren* Gesetzlichkeiten seien. Auf diese Frage kann es keine andere Antwort geben als die: Es sind dies jene Gesetzlichkeiten, die *das Verhalten von Lebewesen schlechthin beherrschen.*«[4]

Dieser Aspekt rückt die Frage in den Blickpunkt: Was in den frühen Entfaltungsstadien des Menschen vollzieht sich noch nach den Gesetzen, wie sie für Tiere Gültigkeit haben, und was läßt sich aus den allgemeinen Naturgesetzen erahnen über das Wesen der Sonderstellung, die der Mensch als das am höchsten differenzierte Wesen hier auf Erden einnimmt?

Wenn man sich daranmacht, die Erkenntnisse der Antriebslehre auf Übereinstimmungen zu prüfen mit der Trieblehre von Konrad Lorenz, erschließt sich eine Fülle neuer Erkenntnisse. Denn Konrad Lorenz hat – auf Heinroth aufbauend und in der Zusammenarbeit mit Tinbergen – nicht nur eine durchstrukturierte Trieblehre aufgebaut. Er hat darüberhinaus – die Lehre Pawlows vom Lernen durch bedingte Reflexe stützend und einschränkend – aufgrund vieler Einzelbeobachtungen an Tieren wichtige Aussagen gemacht über das komplizierte Ineinanderspiel von angeborenen und erlernten Verhaltensweisen. Und das Erstaunliche nun: Die bedeutsamste Erkenntnis über die Vertiefung human-psychologischen Wissens ge-

3 K. Zietz, Abriß der Kinder- und Jugendpsychologie. Braunschweig 1959.

4 K. Lorenz, Über tierisches und menschliches Verhalten, Bd. II. München 1970, 8. Auflage, S. 251 f.

wann Konrad Lorenz, als er zufällig im Experiment mit jungen Enten eine schwere Fehlverhaltensweise hervorrief.

Ich möchte die Einzelheiten dieses sogenannten Prägungsvorganges und seine Bedeutung für die Psychopathologie des Menschen an anderer Stelle diskutieren. Jetzt ist es zunächst wichtig, festzustellen, daß es ein lohnendes Feld sein kann, sich beobachtend und nachdenkend mit Fehlverhaltensweisen zu beschäftigen. Sie können Aufschluß geben über die Grundbedingungen, die nötig sind, um sie zu verhindern. Sie können auch beim Menschen darauf hinzeigen, was ihm bekommt oder was ihm schadet. Untersuchungen dieser Art sind nicht nur von den Tierverhaltensforschern und den Psychoanalytikern gemacht worden, sondern in jüngster Zeit vor allem auch durch zookundige Wissenschaftler, wie zum Beispiel Hediger, Inhelder und Meyer-Holzapfel. Vor allem Inhelder weist auf die Notwendigkeit psychopathologischer Forschung (insbesondere über umweltbedingte Verhaltensstörungen) bei Tieren hin.

»Solche zeigen sich vor allem bei gefangengehaltenen Wildtieren, aber auch bei den in unbiologischen Verhältnissen lebenden Haustieren. Sie lassen auf intime affektive Bedürfnisse schließen, die in ihrer Beziehung zur Umgebung gestört sind, und weisen auf Verhaltensstrukturen der Tiere und ihre subjektive Umwelt hin, die bei optimaler Haltung berücksichtigt werden müssen. Parallelen zu Zivilisations- und Erziehungsschäden beim Menschen liegen auf der Hand. Vom Standpunkt einer vergleichenden Psychologie oder Verhaltensforschung werden solche Untersuchungsergebnisse nicht nur für eine künftige Tier-, sondern auch für die humane Psychiatrie und Neurologie, insbesondere Psychotherapie von Interesse sein.«[5]

Ich werde also prüfen, ob und wie weit die Triebbehinderungen beim Menschen im frühen Kindesalter sich nach denselben Gesetzen vollziehen, wie sie aus der Zoologie bekannt sind. Es schien mir dabei methodische Vorteile zu haben, zunächst die Theorie der Instinkthandlung geschlossen zu referieren. Dadurch wird es mög-

5 E. Inhelder, Skizzen zu einer Verhaltenspathologie reaktiver Störungen bei Tieren. In: Schweizer Archiv für Neurologie, Neurochirurgie und Psychiatrie. Zürich 1962, S. 322.

lich, verschiedene Antriebsbereiche systematisch auf das Enthaltensein instinktiver Vorgänge zu prüfen. Die Ähnlichkeit von Antriebsstörungen bei Menschen und Tieren könnte uns dabei behilflich sein. Aber auch die Unterschiede in der ontogenetischen Entwicklung von Menschen und Tieren sollen Beachtung finden. Danach soll jeweils eine Antriebsstörung in den Mittelpunkt der Beschreibung rücken. Diese Ordnung hat sich aus der Reihenfolge ergeben, in der die zu besprechenden Antriebe in der Lebensgeschichte des Menschen zur Wirksamkeit gelangen. Diese Reihenfolge ist zum Verständnis der Zusammenhänge und der zunehmenden Differenzierung der Antriebsvorgänge zwingend notwendig, weil sich auch das In-Funktion-Treten eines jeweils neuen Antriebs innerhalb der frühen Kindheit des Menschen nicht nach dem Gesetz der Addition, sondern der Integration vollzieht. In Anlehnung an die Terminologie von Schultz-Hencke sollen dabei also nacheinander die Störungen des oral-kaptativen, des intentionalen, des aggressiven und des sexuellen Antriebs besprochen werden.

# I. Die Theorie der Instinkthandlung

Arbeitshypothesen über die Ätiologie tierischer Verhaltensstörungen bauen auf den ethologischen Forschungen über das Wesen der Instinkthandlungen auf. Als Instinkthandlungen werden danach Bewegungsabläufe bei Tieren bezeichnet, die in einer starren Zwangsläufigkeit und Gesetzlichkeit vonstatten gehen. Diese beruht darauf, daß die Handlungsabläufe angeborenerweise und artspezifisch »vorgeschrieben« sind. Ob und wie eine Instinkthandlung ausgeführt wird, hängt im übrigen von zwei Faktoren ab:
1. von inneren Bedingungen, d. h. von einer Bereitschaft oder Stimmung, die in bestimmten Situationen oder einem bestimmten Reifestadium, z. B. durch Hormonausschüttungen, bewirkt wird, und
2. von sogenannten auslösenden Reizen, die von außen auf das Tier einwirken.

Meist vollzieht sich die Instinkthandlung eines Tieres dergestalt, daß die endogen hervorgerufene Stimmung ein Suchverhalten, die sogenannte Appetenz, aktiviert. Sie führt zunächst zu unspezifischen Suchbewegungen. Durch dieses – wie Konrad Lorenz sagt – »primäre Appetenzverhalten genereller Art« kann sich das Tier den Objekten seiner Umgebung nähern, die eine spezifische Reizwirkung auf es auszuüben vermögen. Diese sogenannten »Schlüsselreize« lösen zielgerichtete Triebhandlungen aus, die mit der sogenannten Endhandlung abschließen. Solche Instinkthandlungen haben grundsätzlich einen lebens- und arterhaltenden Sinn. Gewöhnlich sind die Schlüsselreize relativ einfache Reizkonfigurationen. Lorenz spricht in einem solchen Fall von einem angeborenen auslösenden Mechanismus. In anderen Fällen ist lediglich ein merkmalarmer angeborener Auslösermechanismus vorhanden, er muß dann erst innerhalb der Ontogenese des Tieres durch Lernakte spezialisiert werden. Diese Möglichkeit zu lernen, diese Modifizierbarkeit durch Umwelteinflüsse, ist bei der Art Mensch wohl am größten unter allen Lebewesen. Sie kann sich beim erwachsenen Menschen sogar bis zu einer Lösung von instinktiven Endhandlungen steigern. Auch innerhalb seiner frühen Kindheit verfügt der Mensch schon über breitere Phasen des Lernens als die meisten Tiere. Aber – und hier besteht eine

Übereinstimmung von Antriebslehre und Instinktlehre – sowohl die Bedingungen als auch das Ziel frühkindlicher Triebhandlungen vollziehen sich anscheinend noch nach den Gesetzen von Instinktmechanismen. Ich werde später zu zeigen versuchen, daß gerade das Vergleichen der Verhaltensstörungen bei Kindern und Tieren geeignet ist, diese These zu stützen.

Verhaltensstörungen bei Tieren entstehen nun entweder dadurch, daß bei diesen Lernakten falsche Merkmale eingeprägt oder gelernt werden. Das passiert immer dann, wenn dem Tier innerhalb dieser Lernphase, der sogenannten sensiblen Periode, inadäquate Lernobjekte angeboten werden, was in der freien Natur normalerweise nicht geschieht. Oder Verhaltensstörungen werden dadurch hervorgerufen, daß der Ablauf der einzelnen Triebhandlung immer wieder gestört, unterbrochen wird. Das kann geschehen, wenn das die Endhandlung auslösende Triebobjekt über lange Zeit fehlt oder wenn andauernd die Außensituation nicht hinreicht, die Endhandlung auszulösen, oder wenn zwei stark aktivierte Triebe miteinander im Wettstreit liegen. In allen diesen Fällen kann es zur Stauung von Trieben kommen, die bestimmte Folgen haben können.

Dann kann es

1. zu Handlungen am inadäquaten Ersatzobjekt kommen, ja, bei lange nicht ausgelösten Instinkthandlungen kann nach Lorenz die Schwellenerniedrigung auslösender Reize sogar so weit gehen, daß
2. die Instinkthandlung im Leerlauf hervortritt. Oder es kommt
3. aufgrund von Triebkonflikten zu sogenannten Übersprunghandlungen, die darin bestehen, daß das Tier eine Handlung durchführt, die in der entsprechenden Situation als unpassend erscheint, weil sie aus einem anderen Triebbereich stammt.

Das bekannte Beispiel hierfür sind jene kampfbereiten Hähne, die sich gegenüberstehen und im Konflikt zwischen Flucht und Angriff beginnen, stereotyp in den Boden zu picken, eine Handlung aus dem Nahrungsbereich. Es ist an dieser Stelle notwendig, ausdrücklich darauf hinzuweisen, daß bei Tieren keineswegs solche Verhaltensmuster einen pathologischen Stellenwert haben müssen. Viele Ersatztätigkeiten oder nicht beendete Instinkthandlungen, sogenannte Intentionsbewegungen, führen zu Ritualisierungen, d. h. zu neuen Verhaltensformen, die positive Anpassungsleistungen sind.

In der Gefangenschaftssituation oder im Experiment kann aber die oft wiederholte Behinderung in ein dauerhaftes unangemessenes Verhalten, d. h. also in eine Verhaltensstörung führen.

Wenn wir uns nun daran machen, für diese verschiedenen Kategorien bei Tieren Entsprechungen herauszufinden in den neurotischen Symptomen bei Kindern, so machen wir die Erfahrung, daß alle diese Mechanismen dort in der Tat Übereinstimmungen haben. Es gibt auch bei Kindern Befriedigung an Ersatzobjekten, Leerlaufhandlungen, Übersprunghandlungen, ja, es gibt anscheinend auch bei Kindern ein Lernen, ja, geradezu ein Festprägen von falschen Merkmalen oder falschen Objekten.

Ich werde versuchen, diese Behauptungen mit verschiedenen vergleichenden Beispielen zu belegen.

# II. Das oral-kaptative Antriebsgeschehen und seine Störungen

Übereinstimmend sind sich die Untersucher der Saugvorgänge beim Neugeborenen darin einig, daß es sich dabei um ein funktionsfertiges Geschehen handelt.

Foppa schreibt: »An diesem Prozeß sind anfänglich keinerlei Lernvorgänge beteiligt, er funktioniert von Geburt an. Wäre der Säugling gezwungen, das zweckmäßige Verhalten beim Trinken zu erlernen, dann hätte er vermutlich wenig Chancen, die ersten Tage zu überleben. Denn der mangelhafte Reifezustand seiner sensorischen und motorischen Ausstattung erlaubt es ihm nicht, sich irgendwelchen Anforderungen anzupassen, für die er über keine angeborenen Bewältigungsmechanismen verfügt. Seine Reaktionen sind relativ starr und werden nur durch ganz bestimmte Reize ausgelöst.«[1]

Es erscheint nach diesen Beobachtungen berechtigt zu folgern, daß dort, wo man übereinstimmend von einem Instinkt spricht, das Vorhandensein einer Instinkthandlung vermutet werden darf. Diese Vermutung ist um so mehr berechtigt, als auch Peiper in einer Untersuchung über die Hirnleistung des Säuglings zu dem Schluß kommt, daß sie unvergleichlich viel mehr der tierischen als der menschlichen Stufe entspräche.

Sehen wir uns die Vorgänge um die Nahrungsaufnahme des Neugeborenen einmal daraufhin an: Der Saugreflex des Kindes besteht darin, daß der taktile Reiz, der durch die Berührung der Brustwarze auf die Lippen des Neugeborenen ausgeübt wird, das Zuschnappen und Einsaugen auslöst. (Die angeborene Empfindlichkeit des Neugeborenen für taktile Reize hat Peiper 1949 beschrieben.)[2] Aber das ist keineswegs das Gesamt der Handlung, sondern nur ihr Abschluß. Die eigentliche Handlung beginnt schon mit dem endogenen Reizzustand des Säuglings, hungrig zu sein. Dieser mobilisiert ein zunächst noch diffuses Suchverhalten. Der Säugling wacht auf,

1 K. Foppa, Lernen, Gedächtnis, Verhalten. Köln 1965.
2 A. Peiper, Die Eigenart der kindlichen Hirntätigkeit. Leipzig 1949.

wird unruhig und beginnt zu schreien. Für die natürliche Mutter, die das Kind geboren hat, löst dieses Schreien aufgrund einer durch die Schwangerschaft bedingten hormonalen Bereitschaft eine Reaktion aus: Sie wird von dem Drang erfaßt, das Kind in den Arm zu nehmen und zu stillen. Jede Frau, die ein Kind geboren hat und in der ersten Zeit nicht zu lange von ihm getrennt war, kennt diesen sogenannten Ammenrapport. Er ist in der Lage, eine Frau, die gerade eben ein hartes Gewitter tiefschlafend überhört hat, schon nach wenigen Lauten ihres Kindes zum Aufwachen zu bringen.

Es erscheint mir wichtig, an dieser Stelle darauf hinzuweisen, daß die Handlung der Nahrungsaufnahme beim Säugling also einen Bezug darstellt von Mutter und Kind, keineswegs etwa nur von Kind zur Brust, Kind zur Flasche oder Kind zur Milch. Aber außer dem Ammenrapport, der auf einen instinktiven Drang der Mutter hinweist, scheint es noch andere instinktive Verhaltensweisen bei der Mutter bzw. bei den Eltern zu geben.

Lorenz weist darauf hin, daß »der elterliche Pflegeinstinkt, dem Fortpflanzungsinstinkt untergeordnet, auf Schlüsselreize antwortet, die das Kleinkind aussendet«, und »... daß unser elterlicher Pflegeinstinkt auf folgende Signalreize anspricht: kurzes Gesicht unter hoher Stirn, rundliche vorstehende Backen, relativ große Augen, runde Formen, kurze Finger, tolpatschige Bewegungen«.[3]

Es sind hier also offenbar eine ganze Reihe von Auslösermechanismen am Werke, wie wir sie bei Tieren im Brutpflegeverhalten auch kennen. Stehen das Neugeborene und die Mutter miteinander in dem Bezug einer Instinkthandlung? Nun, das trifft sicher nicht vollständig zu: Von rein angeborenen Instinktbewegungen kann in diesem Bezug Mutter-Säugling gewiß nur beim Kind die Rede sein. Wenn auch einzelne Merkmale ihres Kindes für die Mutter den Charakter von Schlüsselreizen haben, die zu instinktiven Reaktionen ermuntern, so ist die Mutter nichtsdestoweniger ein erwachsener Mensch, ausgestattet mit einem im allgemeinen vollfunktionsfähigen Großhirn, das ihr gestattet, hinzuzulernen, plastisch nach Einsicht zu handeln. Sie weiß, wenn sie auch durch den Anblick

3 K. Lorenz, Die angeborenen Formen möglicher Erfahrung. In: Z. Tierpsychologie 5, 1943, S. 235–409.

ihres Neugeborenen und sein Schreien mobilisiert wird, keineswegs so sicher, wie es augenscheinlich Vogelmütter wissen, was im Verhalten zu diesem ihrem Baby richtig oder falsch ist. Wie sehr hier weniger instinktives Wissen als auch Lernvorgänge sich abspielen, kann jede Mutter an der Erfahrung ablesen, daß ihre Sicherheit im Umgang mit Neugeborenen ansteigt mit der Zahl der Kinder, die sie aufgezogen hat. Es ist also in diesem frühen Mutter-Kind-Bezug offenbar so, daß eine Instinkthandlungskette mit einer Reihe von unbedingten Reflexen durch einige Lernvorgänge von der Seite der Mutter überformt sind. Trotz dieser wandelbaren Reaktionsweisen der Mutter ist es aber unbestritten, daß – wie bei allen Tieren, die hilflos geboren werden – sofort nach der Geburt des Kindes sein lebenserhaltender Bezug zur Mutter als ein fertig vorhandener Instinktmechanismus bereitliegt. Da sich also der Vorgang der Nahrungsaufnahme vom Säugling aus nach den Gesetzen angeborener Auslösermechanismen vollzieht, ist er infolgedessen in der Struktur seines Triebgeschehens mit jenen Vorgängen der Nahrungsaufnahme von Tieren homolog, die sich aufgrund von angeborenen Auslösermechanismen abspielen.

Der Vorgang, der sich dabei im Säugling vollzieht, ließe sich dementsprechend folgendermaßen beschreiben: Aufgrund einer endogenen Reizquelle im Organismus des Säuglings erwacht der Antrieb zur Nahrungsaufnahme. Dieser Antrieb äußert sich zunächst in einer diffusen Bereitschaft, in einem Appetenzverhalten, als Aufwachen, motorische Unruhe und Schreien. Es löst bei der Mutter Schlüsselreize aus, die – wenn der Säugling Glück hat – dazu führen, daß die Mutter ihn anlegt. Der Hautreiz der Mamilla an den Lippen des Säuglings stellt für ihn den Schlüsselreiz dar, der eine gezielte Suchbewegung auslöst: das Zupacken und Einsaugen der Mamilla. Der Antrieb hat die Nahrungsquelle erreicht. Der Saugakt führt in die sogenannte Endhandlung, zur Sättigung und zur Aufhebung des endogenen Reizzustandes.

Um spätere Schwierigkeiten des Verstehens auszuschalten, müssen wir festhalten: Das Gesamt der Instinkthandlung besteht gewissermaßen aus zwei Akten. Im ersten besteht der Antrieb aus diffusen Suchhandlungen, die zur Auffindung des Triebobjektes, hier der Mutter, führen.

Der zweite Akt ist sehr viel begrenzter: Der Antrieb bedient sich zweier abgegrenzter Handlungsweisen, des Zupackens und Einsaugens, am Objekt der Endhandlung.

Die Handlungen, deren sich der Antrieb bedient, wollen wir in Zukunft als Antriebsfunktionen bezeichnen. In bezug auf die Nahrungsaufnahme beim Menschen wollen wir sie in Anlehnung an die Schultz-Hencke-Schule oral-kaptative Antriebsfunktionen nennen. Denn in dieser Bezeichnung sind zwei der ursprünglichen Eigenschaften dieser Funktion treffend gekennzeichnet.

Damit haben wir freilich bisher nur die objektive Seite des Antriebsgeschehens beschrieben. Es hat aber auch noch eine subjektive Seite, die wir nicht beiseite lassen können, wenn wir Antriebsvorgänge beim Menschen beschreiben wollen, ja, die subjektive Seite ist geeignet, uns zu Erkenntnissen zu verhelfen, die wir als Vorkenntnisse dringend benötigen, um die Eigenschaften und das Charakteristische von Antriebsstörungen zu verstehen.

Wenn ein Mensch hungrig ist, packt ihn Unbehagen. Dieses Gefühl läßt ihn aufwachen oder aufstehen und auf die Suche gehen. Hat er etwas Eßbares entdeckt, ändert sich während des Essens allmählich seine Stimmungslage: Unbehagen verwandelt sich in Zufriedenheit.

Subjektiv verursacht also das Gefühl der Unlust die Handlung; wir wissen auch aus subjektivem Erleben, daß sich diese Unlust steigert, wenn wir jetzt abwarten und nicht etwas unternehmen, um Essen zu fassen, oder wenn wir nichts finden, obgleich wir suchen. Gekoppelt mit dem steigenden Maß unseres Unbehagens verstärkt sich unsere Handlungsbereitschaft und unsere Handlungskraft.

Subjektiv ist der Motor zur Handlung nicht die endogene Reizquelle – in diesem Fall der leere Magen –, sondern das Gefühl der Unlust, die nach Lust strebt. Dieses Gefühl führt subjektiv zur Erhöhung der Triebspannung.

Ebenso löst erst das Gefühl der Zufriedenheit diese Spannung und setzt die Handlungsbereitschaft herab. Dieses Gefühl der Zufriedenheit tritt während der Handlung des Essens allmählich ein und hat zwei Quellen: das Erlöschen des physiologischen Reizzustandes, d. h., der Magen knurrt nicht mehr, und die Abfuhr der Triebspannung durch die Handlung des Ergreifens, Zum-Munde-

Führens, Kauens, Schluckens der Nahrung. Es ist nötig, diese Zweiheit der Quellen, aus denen das Gefühl der Befriedigung fließt, ausdrücklich zu betonen. Denn wenn wir dieses Gefühl der Befriedigung mit Freud als das Triebziel bezeichnen, müssen wir wissen, was notwendig ist, um es zu erreichen, und das ist sowohl die Nahrungszufuhr als auch die Betätigung einer Handlung, die die Triebspannung löst.

Wir können diese Doppelnatur des subjektiven Erlebens abermals leicht nachprüfen. Ein schlaraffenlandähnlicher Zustand, nämlich die Befriedigung von Bedürfnissen, ohne sich anstrengen zu brauchen, damit sie erfüllt werden, führt wohl zu Inaktivität, zu Faulheit, aber damit keineswegs zur Zufriedenheit. Die Zufriedenheit ist nur vorübergehend und führt bald wieder in den Zustand unbehaglich-leerer Sehnsucht, auch und trotz einer permanenten Möglichkeit zur Sättigung. Und umgekehrt: Haben wir Hunger und nichts zu essen, stattdessen aber ein Hungertuch, um daran zu nagen, so können wir uns über den spannungsgeladenen Zustand des Hungerns wohl eine Weile damit hinwegtrösten, uns eine Weile scheinbefriedigen. Aber sehr bald genügt dies nicht mehr, wir spüren erneut vermehrtes Unbehagen, erhöhte Spannung, und die Suche, doch etwas zu finden, das den Hunger stillt, setzt wieder ein. Und noch ein Letztes ist wichtig: Haben wir jetzt, nach langem Hungern, endlich einen Fleischtopf Ägyptens gefunden, so essen wir auch dann weiter, wenn wir empfinden, daß unser Magen eigentlich voll ist. Im Volksmund heißt es dann: Die Augen wollen mehr als der Magen. Wir würden besser sagen: Unser Handlungsimpuls, die Antriebsfunktion, hat sich so gestaut, dadurch, daß sie sich nicht betätigt hat, daß jetzt ein Überschuß von ihr vorhanden ist, der handelnd abfließen muß.

Halten wir also zunächst fest: Subjektiv wird die Antriebshandlung durch ein Gefühl des Unbehagens ausgelöst, das mit dem physiologischen Mangelzustand entsteht. Es begleitet die Handlung. Ein Teil dieses Unbehagens wird durch die Antriebshandlung selbst, ein zweiter durch die Auflösung des physiologischen Mangelzustandes, in ein Gefühl des Behagens, der Lust, der Zufriedenheit umgewandelt. Eine vollständige Befriedigung tritt nur dann ein, wenn sowohl der physiologische Reizzustand ausgelöscht als auch die Antriebsspannung in der Endhandlung verzehrt ist. Ist dieser Spannungszustand etwa durch anhaltende Mangelzustände zu groß, bedarf es der Betätigung der Antriebsfunktion über die Beseitigung des physiologischen Reizzustandes hinaus.

Gibt es solch ein subjektives Empfinden auch bereits bei Tieren und Säuglingen? Das wissen wir nicht mit Sicherheit, aber das können wir auch zunächst dahingestellt sein lassen. Was wir aber aus diesem Exkurs über unser menschliches subjektives Erleben um den Hunger lernen können, ist die Erkenntnis, daß auch beim Säugling und Tier Entspannung in bezug auf den Antrieb zur Nahrungsaufnahme ebenfalls nicht einzutreten scheinen, wenn nicht sowohl der physiologische Reizzustand beseitigt ist als auch eine Handlung abgelaufen ist, in der die oral-kaptative Funktion getätigt worden ist. In vielen der Antriebsstörungen, die wir beschreiben wollen, kommt das zum Ausdruck. Zwei experimentelle Tieruntersuchungen machen diese Vermutungen aber zusätzlich wahrscheinlich.

Wenn Pawlow es verhinderte, daß die Trinkmenge, die die Hunde aufnahmen, den Magen auch erreichte, weil er die Flüssigkeit wieder durch eine Fistel vor dem Mageneingang abführte, so begannen die Hunde sehr viel schneller als die Kontrolltiere erneut zu trinken. Das Unvermögen, den Durst faktisch zu löschen, führte zu einer chronischen Erhöhung der Antriebsspannung. Das entgegengesetzte Experiment machte O'Connor: Er zog drei Hundepaare auf, ein Paar mit einem viel zu weiten Flaschensauger, so daß die Nahrung ohne Anstrengung einfloß, eins mit einem engen Flaschensauger und ein Paar, das bei der Mutter saugte. Das erste Paar begann bald jenseits der Mahlzeiten suchtartig zu lutschen. Das dritte Paar lutschte, außer an den Mahlzeiten, gar nicht, das zweite mäßig. Die Antriebsentspannung war offenbar nicht allein durch die Sättigung eingetreten bei jenem ersten Paar, sondern bedurfte weiterer Betätigungen, wenn die Funktion des Saugens nicht getätigt war.

Diese Doppelnatur des Antriebsziels macht es nun überhaupt erst möglich, zu verstehen, wie Antriebsstörungen zustande kommen können. Sie entstehen dadurch, daß das Antriebsziel, die Befriedigung oder die Entspannung, nicht eintritt. Das kann nun dementsprechend dadurch geschehen, daß das Kind gehindert wird,

Nahrung aufzunehmen, wenn es hungrig ist, und dadurch, daß es nicht die oral-kaptative Funktion tätigt, der der Antrieb zur Nahrungsaufnahme zugeordnet ist. Das heißt beim Säugling: daß er gehindert wird, die Nahrung durch Einsaugen zu sich zu nehmen. In beiden Fällen kommt es nicht zur Entlastung der Antriebsspannung und damit zu charakteristischen Funktionsstörungen, wie wir sie in bezug auf das Tier eben kennengelernt haben und in bezug auf den Säugling und den Menschen noch beschreiben wollen. Wir werden in den folgenden Abschnitten darstellen, auf welche Weise solche Behinderungen beim Menschen entstehen, und danach im Vergleich zum Tier die Erscheinungsformen dieser Störungen abhandeln.

### *1. Frustration der Nahrungszufuhr*

Zur Veranschaulichung zunächst ein Beispiel:

Das Kind Peter – ich habe den Jungen eine längere Zeit betreut, als er 14 Jahre alt war – wird in seiner ersten Lebenszeit unzureichend versorgt. Die Mutter schildert in der Anamnesenerhebung, daß sie das Kind nach einem starren Schema, ohne gefühlsmäßige Beteiligung, gefüttert habe. Sie sei bei der Geburt des Kindes 42 Jahre alt gewesen und habe sich seiner Aufzucht nicht mehr gewachsen gefühlt. Die Mutter scheint damals schon depressiv gewesen zu sein. Der Junge bekommt im Alter von acht Wochen Dyspepsien und Milchschorf, Leiden, die weit über die Säuglingszeit hinaus nicht vollständig ausheilen. Es wird eine Diät gefüttert, die das Kind über Wochen in nur unzureichenden Mengen zu sich nimmt. Er wird ein Schreikind und entwickelt eine Jactatio capitis. Schon vor der Schulzeit beginnen Verhaltensschwierigkeiten aufzutreten: Peter kann nicht ruhig und besinnlich spielen. Er sitzt entweder untätig herum, oder er rafft ungeduldig alles an sich, hat keine Ausdauer, geht unzufrieden und unruhig auf neue Suche. Er leidet von früh an unter Einschlafstörungen. Schon bald kommt es zu Schwierigkeiten mit Spielkameraden. Er will alles für sich haben, auch ihre Spielsachen, so daß die Spielgefährten sich von ihm zurückhalten. Im Alter von fünf Jahren beginnt Peter, kleine Geldbeträge aus der Haushaltskasse zu nehmen und zu vernaschen. Aber je mehr die Eltern strafen, je mehr sie die Schubladen verschließen, um so schlimmer wird das Übel. Die Beziehungen der Eltern und des Bruders zu dem Jungen verschlechtern sich zunehmend. Schließlich wird er gänzlich unleidlich, weigert sich, sich zu waschen, sich ordentlich zu kleiden und die Haare zu schneiden. Er lungert untätig und leerbrütend bei Beatmusik im Hause herum, hat einen überstarken Drang zu rauchen und zu naschen, trotz des strikten Verbots der Eltern. Der Schulbesuch ist unregelmäßig, die Leistungen sinken bis zur unteren Grenze der Volksschulnorm. Mit 14 Jahren begeht Peter zunächst einige Warenhausdiebstähle, bricht schließlich in einige Lebensmittelgeschäfte und danach in ein Waffengeschäft ein. Auf dem Wege nach Hamburg, wo er sich anheuern lassen will, wird er auf dem Bahnhof von der Polizei festgenommen.

Mühsam und gefahrenreich ist die Aufzucht von Tieren in der Gefangenschaft, deren lebensnotwendige Bedürfnisse nicht so erfüllt werden, wie ihre angeborenen Instinktmechanismen es vorschreiben. Sie werden unruhig und krank, sie entwickeln Stereotypien, wenn man ihnen zum Beispiel die ihnen adäquate Nahrung nicht geben kann, so daß sie die Ersatznahrung verweigern und dadurch immer hungriger werden.

Bei menschlichen Säuglingen ist das in seinen Grundstrukturen nicht anders. Peters Schicksal spricht darüber eine beredte Sprache:

Seine Antriebsstörung begann, als er im Säuglingsalter chronisch hungrig blieb und seine Antriebsspannung sich dadurch erhöhte. Die Voraussetzungen zu seiner späteren Antriebsstörung aber lagen bereits in der Tatsache, daß das Gesamt der Instinkthandlungen zwischen Mutter und Kind unterbrochen worden war dadurch, daß die Mutter nicht stillen konnte. Es darf nicht übersehen werden, daß dieses Unvermögen zur Stilltätigkeit bei seiner Mutter eine erste mitentscheidende Minusvariante in Peters Schicksal bildete. Denn nun wurde in dieses natürliche Instinktgeschehen eine Attrappe zwischengeschaltet – die Flasche mit einer Ersatznahrung –, und es ist durchaus fragwürdig, ob Peter seinen Milchschorf auch bekommen hätte, wenn er bei der natürlichen Nahrung geblieben wäre.

Wenn ich mich in meinen vielen öffentlichen Vorträgen im letzten Jahrzehnt immer wieder für den Vorrang der Stilltätigkeit eingesetzt habe, so bin ich selten auf Verständnis gestoßen und habe mich vor allem immer wieder der achselzuckenden Bemerkungen, vor allem von Ärzten, erwehren müssen, daß ich hoffnungslos veraltet sei. Es sei unwesentlich, ob das Kind mit der Brust oder der Flasche ernährt würde, so argumentierte man von fachkundiger Seite, wesentlich sei für das seelische Gedeihen des Kindes lediglich die gute Mutter-Kind-Beziehung. Nun, das ist zweifellos richtig. Und es ist besser, ein Kind mit der Flasche zu ernähren, als es sterben zu lassen. Aber abgesehen von den altbekannten Tatsachen, daß die Brustnahrung Immunschutz vermittelt und die Gefahr falscher Nahrungszusammensetzung ausschaltet, ergeben sich von der Tatsache her, daß der Stillvorgang eine Antriebshandlung darstellt, noch einige gewichtige zusätzliche Gesichtspunkte.

Wir hatten schon betont, daß die Mutter in diesem Geschehen jener »Rezeptor« ist, der in seiner Reaktion variabel und plastisch ist. Wenn aber nun die Kinderpflegerin, die Fachkraft, zu einer Mutter sagt, daß es ihrem Säugling gut tut, sich eine gesunde Lunge anzuschreien, so pflegt der Instinkt den kürzeren zu ziehen gegenüber der Variabilität des einsichtigen Lernens. Diese Lernfähigkeit des Menschen macht ihn aber auch suggestibel, unter Umständen in einer ihn schädigenden Weise manipulierbar. Da aber die Stilltätigkeit ein instinktives Geschehen ist, könnte der Instinkt die Sicherheit der Mutter fördern. Er spricht ja die Naturhaftigkeit der Frau unmittelbar in jener Schicht an, in der es sicheres Wissen gibt darüber, was einer hilflosen Brut nach der Geburt bekommt oder nicht bekommt. Die Verminderung der mütterlichen Unsicherheit würde in bezug auf die Fütterung ihres Kindes einen unermeßlichen Gewinn bedeuten für das seelische Gedeihen und die charakterliche Entwicklung des Kindes. Denn wie wir jetzt wissen, ist es höchst fragwürdig, ein Kind täglich und nächtlich über Stunden schreien zu lassen. Seine Antriebsspannung erhöht sich dadurch chronisch und ist schließlich auch durch Sättigungsvorgänge nicht mehr löschbar.

Man könnte also zusammenfassend sagen: Vielleicht bekommt zunächst dem Kind die Flasche. Der Mutter bekommt sie schlecht, weil der instinktive Bezug zu ihrem Kind herabgemindert wird.

Die Schlagworte von der Nestwärme und der guten Mutter-Kind-Beziehung sind heute im allgemeinen sinnlose Phrasen, die viele Mütter zusätzlich mit Insuffizienzgefühlen erfüllen. Denn die gute Mutter-Kind-Beziehung hat ihren Anfang in einem biologischen Geschehen.

Es muß deshalb darauf hingewiesen werden, daß aus dieser Sicht zwei kollektive Handhabungen der Säuglingsbetreuung in ein fragwürdiges Licht rücken: daß man Säuglinge nach ihrer Geburt von den Müttern trennt und daß man sie ohne Rücksicht auf ihr Schreien sofort in einen starren Rhythmus der Fütterung zwängt; daß man zudem den Müttern bei den ersten Stillschwierigkeiten, die bei fast jeder Frau eintreten – und schon vorher –, vom Stillen abrät; daß es allgemein als wichtig gilt, die Kinder des nachts nicht hochzunehmen und das Schreien nicht für schädlich, sondern für gesund hält. Vom mütterlichen Instinkt her ist ein solches Verhalten völlig unsinnig. Eine Mutter, die die Nächte mit ihrem schreienden Säugling in einem Zimmer verbringt, würde durch den Ammenrapport die Stunden mit wach bleiben, so daß die ihr aufoktroyierte Meinung sehr schnell zugunsten einer natürlicheren Haltung zusammenbrechen würde. Unsere kollektive Zivilisiertheit heute fördert seelische Störungen und damit, wie wir noch zeigen werden, das Absinken unserer Leistungsfähigkeit in einer gefährlichen Weise. Denn erst heute haben viele Menschen die Möglichkeit, den Säugling in ein Zimmer zu stellen, wo niemand durch sein Schreien gestört wird. Dadurch vergrößert sich aber kollektiv die Gefahr der Neurotisierung. Glücklicherweise haben Frauen auf internationaler Ebene diese Gefahr erkannt und kämpfen um eine seelisch-gesunde Stillanleitung für Säuglingsmütter.[4]

## 2. *Funktionsmangel*

Aber Antriebsstörungen können nicht nur dadurch zustande kommen, daß die Mutter keine instinktive Einstellung zu ihrem Kind gewinnt und das Kind zu viel Mangel leiden muß. Sie können auch

4 Martha Ehler, Ich will mein Kind stillen, Wuppertal 1977, s. auch die Intentionen der internationalen »la leche ligue«.

dadurch hervorgerufen werden, daß das Kind durch eine inadäquate Nahrungszufuhr eine Funktionsstörung erwirbt. Ich hatte schon ausgeführt, daß zur Beseitigung der Antriebsspannung keineswegs allein die Sättigung beiträgt, sondern ebensosehr die *Tätigkeit* des Saugens. Wenn diese oral-kaptative Antriebsfunktion nicht getätigt wird, kommt es ebenfalls zu übersteigerter Antriebsspannung und zu Antriebsstörungen. Wie das in der Praxis aussieht, will ich jetzt erläutern.

Es kommen in meine Sprechstunde häufig Eltern mit Kindern, die Schulschwierigkeiten haben. Bei einem Teil dieser Kinder zeigt sich, daß einige Verhaltensweisen sehr ähnlich sind denen, die ich bei Peter beschrieb. Diese Kinder sind vor allen Dingen faul. Sie fangen ihre Arbeit nicht an, und wenn, dann viel zu hastig. Sie werfen die Sachen bei den ersten Anfangsschwierigkeiten, die zur Tücke aller Lernvorgänge gehören, hin, wobei die Hast zusätzlich erschwert, weil sich die Gefahr, Fehler zu machen, erhöht. Ihnen fehlt die Fähigkeit, sich anzustrengen, bei welcher Gelegenheit auch immer.

Wenn man nun die Mütter nach der Säuglingszeit solcher Kinder fragt, so zeigt sich, daß einige von ihnen einen tragisch-schweren Lebensanfang hatten. Bei den einen hatten die Kinder aus den verschiedensten Gründen am Lebensanfang über längere Zeit durch Infusionen und mit Hilfe von Sonden ernährt werden müssen – sei es, weil sie zu früh geboren wurden, weil sie eine Hasenscharte hatten, weil sie gleich nach der Geburt schwer erkrankten.

Manche dieser Mütter hatten sich in den ersten Lebensmonaten ihres Kindes damit abquälen müssen, daß das Kind einen Magenpförtnerkrampf hatte. Er bewirkte, daß das Kind die Nahrung regelmäßig wieder ausspie, so daß es in den ersten Monaten nie richtig satt wurde. Die schlimmsten Störungen eben beschriebener Art gibt es, wenn das Leiden nicht erkannt wird und die Mutter nach dem Motto »Speikind – Gedeihkind« während der gesamten Säuglingszeit nur ungenügend füttert.

Aber – und das ist hier entscheidend – merkwürdigerweise können später die gleichen Verhaltensstörungen auftreten, wenn so eine Erkrankung jetzt dadurch behandelt wird, daß man das Kind mit der Sonde ernährt. Ich habe Fälle erlebt, in denen diese Ernährungsform ambulant, nicht im Krankenhaus durchgeführt wurde, so daß die Mutter-Kind-Trennung nicht den schädigenden Effekt ausgemacht haben konnte. Außerdem habe ich in meiner Praxis einen Fall erlebt, in dem überhaupt keine Trinkschwierigkeit des Säuglings bestand und die Mutter das Kind nur deswegen mit der Sonde fütterte, weil das »so schön schnell ging« und weil sie als Säuglingsschwester gelernt hatte, wie man das praktiziert. Bei allen diesen Kindern zeigte sich später übereinstimmend die gleiche fundamentale Faulheit als Grundzug ihres Charakters. Ich will damit keineswegs ignorieren, daß die Ätiologie dieser Faulheit samt den Trinkschwierigkeiten am Lebensanfang durchaus – und gewiß nicht einmal selten – auf anderen Ursachen, z. B. einem hirnorganischen Defekt, beruhen kann. Taucht in der Anamnese der Kinder, die wegen solcher Störungen gebracht werden, eine fundamentale Saug- oder Trinkstörung auf, so wird eine hirnorganische Untersuchung zum Zweck der Differentialdiagnose unumgänglich. Aber selbst wenn ein solches Leiden ausgeschlossen worden ist, erweist sich die Faulheit solcher Kinder nicht als eine ordinäre Bequemlichkeit, diese uns allen innewohnende Tendenz, lieber träge zu verharren. Die Faulheit dieser Kinder stellt ein echtes Unvermögen dar, eine folgenschwere Funktionsschwäche. Da das die Erzieher nicht zu erahnen vermögen, wartet auf diese Kinder ein Martyrium der Überforderung, und das häufig um so furchtbarer, je bemühter ihre Eltern sind und je mehr das Prinzip des Leistens in der Hierarchie ihres Wertens obenan steht. Das führt häufig dazu, daß solche Kinder sich schließlich von der Welt zurückziehen in einer ähnlichen Weise, wie Inhelder das von Ratten berichtet, die im Experiment immer wieder vor Aufgaben gestellt werden, die sie nicht lösen konnten.

Es geht mir aber darum, mit der Schilderung dieser Schwierigkeiten und ätiologischen Ähnlichkeiten etwas sehr viel Grundlegenderes zu beleuchten: nämlich die Erkenntnis, daß die Art und Weise der Nahrungsübermittlung für das spätere Lebensschicksal des Säuglings keineswegs ohne Bedeutung ist. Die Nahrungsübermittlung kann dem Kind offenbar so inadäquat sein, daß es dadurch die schwere charakterliche Minusvariante Faulheit erwirbt.

Ähnliche Beobachtungen sind auch bei Tieren beschrieben worden. Dennenberg hat 1958 darauf hingewiesen, daß die Güte des Nestbaus bei Kaninchen positiv korreliert mit dem Prozentsatz lebendgeborener Jungtiere, die schon am ersten Tage saugten. Die Nester waren um so besser, je mehr Jungtiere gesäugt worden waren.

Solche Erfahrungen lassen den Schluß zu, daß dem natürlichen Saugvorgang der positive Effekt innewohnt, dem Menschen die Fähigkeit zu vermitteln, erwerbsfreudig, durchhaltefähig, ausdauernd, fleißig und initiativereich zu sein. Diese Gegebenheit läßt sich durch gezielte Anamnesenerhebung in der Praxis täglich erleben und ist in der Schultz-Hencke-Schule auf empirischer Grundlage hinreichend ermittelt worden.

Freilich läßt sich nicht mit Sicherheit aussagen, ob der Saugvorgang einen übenden Effekt hat, ob also die Funktion des Zugreifens und Sichanstrengens erlernt wird. Jedenfalls wissen wir, daß die Funktion angeborenerweise bereits vorliegt, denn das Kind kann ja wenige Stunden nach der Geburt saugen. Es scheint also vielmehr so, daß die Funktion atrophiert, wenn nicht der Anreiz durch die Umwelt geboten wird, dessen sie bedarf, um später jederzeit wieder anwendungsbereit zu sein. Das hieße, daß die Funktionsmöglichkeit ähnlichen Gesetzen unterläge, wie wir sie von der Organreifung her kennen. Auch bei den Entfaltungsvorgängen bei Tieren liegen zahlreiche Beobachtungen dieser Art vor.

Ich kann dieses Gebiet nicht abschließen, ohne auf eine Folge solcher Antriebsstörungen hinzuweisen. Die spätere Faulheit der kleinen Sondenkinder beruht also darauf, daß sie als Säuglinge nicht die Arbeit zu verrichten brauchten, die ihrem Lebensalter entsprochen hätte: den Saugvorgang, täglich mindestens fünfmal für ca. 20 bis 30 Minuten.

Was passiert nun, wenn es einem am Lebensanfang zu leicht gemacht wird? Muß dann nicht sehr Ähnliches in Erscheinung treten? Ein Kind, dem die Nahrung so leicht zufließt, daß es nicht zu saugen, sondern nur zu schlucken braucht – dem wie im Schlaraffenland die Tauben in den Mund fliegen –, ein Kind, das in fünf Minuten das Quantum verputzt, im Vergleich zu jenem anderen, das die fünffache Zeit braucht, steht so ein Säugling nicht auch in der Gefahr, später fauler zu sein? Und in was für einem Fall geschieht das? Nicht häufig ist über die ganze Stillperiode einer Frau hinweg das Faktum der »zu leichtgehenden Brust« gegeben. Aber der weite Flaschensauger bietet diese Gegebenheit leicht!

An dieser Stelle zeigt sich neu, wie fragwürdig es ist, Natürliches durch Künstliches zu ersetzen, ohne hinreichende Kenntnisse über die Struktur der Handlungsabläufe zu besitzen. Ohne ein solches Wissen die Instinkthandlung der Stilltätigkeit zugunsten der Flaschenernährung aufzugeben, ist im Grunde eine fragwürdige Empfehlung. Denn ein Kind, dessen oral-kaptative Funktion nicht genügend getätigt ist, wird nicht nur faul, sondern gleichzeitig auch noch antriebsgespannt, eben weil die Gelegenheit fehlte, daß sich die Spannung in der Saughandlung verzehren konnte.

Hier leuchtet die uns bisher unverstehbare Erkenntnis auf, warum es zu einem sehr häufig gesehenen Erscheinungsbild der heutigen Jugendlichen gehört, daß sie sowohl faul als auch gespannt-unglücklich wirken.

Aber nicht nur das Leben des einzelnen kann dadurch freudloser und unerfüllter werden: Die Gefahr für die Allgemeinheit ist unübersehbar. Denn die Konsequenz heißt: Die Menschen werden fauler als ihre im allgemeinen gestillten Vorfahren, ja, nicht nur untätiger, sondern auch gefährdeter. Dieses Heer der inadäquat ernährten Säuglinge ist jetzt, wie ich noch zeigen werde, allen sekundären Behinderungen ausgesetzt – nicht zuletzt durch den Mangel an Erfolgserlebnissen. Ein Kind, das nicht recht etwas anfangen mag, lernt auch schwerer zu erobern, schwerer, sich zu verteidigen, hat nicht den Ansatz der Neugier, Unbekanntes zu ergründen. Manche dieser Kinder verharren deshalb lieber am Futtertrog, weil alles andere für sie zu schwer ist. Das ist vermutlich ein Grund dafür, daß die Adipositas, die Fettsucht von Kindern, heute so zunimmt. 1952 beschrieb Kujatt, daß bei sechs adipösen Kindern, die er untersuchte, nie die Stillperiode ungestört verlaufen war. Und auch Maisch weist 1965 auf verwöhnende Faktoren in der Ätiologie der Adipositas hin. Es läßt sich in der Praxis immer wieder feststellen, daß diese Störung keineswegs allein darauf beruht, daß unser Wohlstandsstaat die Möglichkeit zum übertriebenen Essen bietet: Es läßt sich bei diesen Kindern meist Faulheit, d. h. die Atrophie der Funktion des Zugreifens, nachweisen. Daß nichtsdestoweniger eine zu große Nahrungszufuhr die motorische Aktivität zusätzlich mindert, steht auf einem anderen Blatt. Auch Scott hat 1958 bei Hunden aufgezeigt, daß die fetten, überfütterten inaktiver sind. Dennoch ist damit keineswegs gesagt, daß mit der zu raschen und überreichlichen Fütterung wenigstens ein höherer Sättigungsgrad – und damit doch teilweise die so erwünschte Grundstimmung der Zufriedenheit – erreicht wird. Bei einer zu raschen Fütterung sind auch von der physiologischen Seite her die Bedingungen nicht erfüllt, die zur Sättigung führen. Daran liegt es, daß solche Kinder, die zu schnell gefüttert werden, häufig sofort danach wieder zu schreien beginnen. Aber auch wenn eine Mutter nun dieses allzu volle Kind wieder weiter nachfüttert, bleibt das eigentliche »Klassenziel« unerreicht: Der Trieb hat sich durch das Nurschlucken – aber Nichtwirklichsaugen – ja nicht getätigt! Also bleibt er in gleicher Weise unerfüllt wie bei dem Säugling, dem zu wenig Nahrung gegeben wurde.

Ich habe schon O'Connors Hundeversuch erwähnt, der ein sehr schöner Beweis für diese These ist. Auch Inhelder hat 1962 beschrieben, daß gesteigerte Lutschtätigkeit bei einem Affen in Erscheinung trat, der mit einer Flasche großgezogen wurde.

Ich stelle also fest: Störungen des Antriebs zur Nahrungsaufnahme entstehen bei Menschen wie bei Tieren dadurch, daß das Antriebsziel, die Befriedigung oder Entspannung, nicht erreicht wird. Dadurch erhöht sich die Spannung und geht, wie ich gleich ausführlich beschreiben will, »krumme Wege«. Die Voraussetzungen dazu sind dann gegeben, wenn 1. keine Sättigung eintritt und wenn 2. die Antriebsfunktion, hier die oral-kaptative, sich nicht betätigen kann. Beim Säugling ist das am häufigsten dann der Fall, wenn er aus irgendwelchen Gründen oft und lange hungern muß (was heute meist nicht aus Not, sondern aus »Prinzip« geschieht) oder wenn die Nahrungsaufnahme ohne ausgedehnte Saugtätigkeit vor sich geht.

Ich will nun im Vergleich zum Tier schildern, wie die Erscheinungsbilder dieser Antriebsstörungen aussehen.

### *3. Erscheinungsformen der Antriebsbehinderung*

Der Nahrungsvollzug beim Neugeborenen ist, wie beim Tier, eine Antriebshandlung. Dieses Geschehen ist dadurch störbar, daß das Antriebsziel, die Entspannung durch Ersaugen der Nahrung, nicht erreicht wird. Solche Behinderungen führen bei Tieren zu einer Reihe typischer Verhaltensweisen. Denn da sich der Antriebsdruck mit anhaltender Behinderung erhöht, kommt es zu einer Reizschwellenerniedrigung und damit zur Antriebsentladung:

1. entweder am inadäquaten Objekt,
2. am Subjekt selbst,
3. in einer Handlung, die einem anderen Funktionskreis entstammt, oder
4. im Leerlauf.

Bei oft wiederholten und langüberdehnten Behinderungen pflegt die Reizschwelle sich wieder zu erhöhen und einer allgemeinen Inaktivität und Apathie Platz zu machen.

Foppa betont, daß der beobachtete Aktivitätsgrad, z. B. nach tagelangem Nahrungsentzug, erheblich geringer ist als nach kurzfristigem Hunger. Er meint, daß zwischen Triebstärke und Aktivität eine Verlaufskurve in der Form eines umgekehrten U bestünde[5].

Es bedarf keiner Experimente, um diese Abläufe am hungrigen Säugling zu studieren. Mit steigendem Antriebsdruck, d. h. mit einem Nichterscheinen der Mutter etwa, vollzieht er Suchbewegungen nach der Nahrungsquelle, indem er den Kopf mit zunehmendem Alter um so aktiver hin und her bewegt[6] (s. Untersuchungen von Tilney und Casamajor, Beobachtungen von Spitz).

Möglichkeiten der Triebentladung am inadäquaten Objekt werden um so leichter angenommen, je niedriger die Reizschwelle ist. Ein oft hungriger Säugling findet leichter den Daumen, den Bettzipfel, den Schnuller und ist leichter bereit, Nahrung zu sich zu nehmen, die ihm nicht schmeckt[7]. Bei häufig wiederholten, zu lan-

5 K. Foppa, a. a. O., S. 48 und 37.

6 H. F. R. Prechtl, Die Eigenart und Entwicklung der frühkindlichen Motorik. Klin. Wschr. 34, 1956.

7 A. Peiper, Instinkt und angeborenes Schema beim Säugling. In: Z. Tierpsychologie, 8, 1951.

gen Durststrecken oder Mangel an Saugtätigkeit schleifen sich die Suchbewegungen als Jactatio capitis und das übersteigerte Lutschbedürfnis als Stereotypien ein, die häufig langfristig erhalten bleiben.

Über die Natur der Lutschtätigkeit bei Säuglingen und Jungtieren liegen eine Fülle von Beobachtungen jüngeren Datums vor. Wie wir bereits hörten, stimmen die Untersuchungen an Tieren darin überein, daß das Lutschen sich steigert, wenn keine genügende Möglichkeit zur Saugtätigkeit vorhanden ist (s. Thorpe 1956, Scott 1958). Diese Untersuchungen sind geeignet, Freuds Lehre vom angeborenen Autoerotismus des Säuglings zu widerlegen. Freud hatte wohl richtig beobachtet, daß das Saugen zur Triebentlastung und Entspannung unumgänglich notwendig ist, aber er hatte daraus zwei falsche Schlüsse gezogen: Der erste bestand darin, daß er meinte, diese Organlust suche der Säugling *primär* nicht an der Mutterbrust, sondern am eigenen Körper. Der zweite bestand darin, daß er, durch den Lustcharakter des Saugens getäuscht, wähnte, daß es sich dabei um einen Partialtrieb sexueller Libido handle. Tierexperimentelle Untersuchungen, die nachweisen, daß verstärktes Lutschen eintritt dann, wenn Befriedigung am eigentlichen Saugobjekt nicht hinreichend hat vollzogen werden können, widerlegen Freuds Theorie vom Autoerotismus. Viele Autoren, die mit Tieren experimentierten, weisen nach, daß generell die Beschäftigung mit dem eigenen Körper erst dann gehäuft eintritt, wenn keine adäquate Befriedigung am entsprechenden Objekt möglich gewesen war. Langfristige Beobachtung von Säuglingen, die mehrere Monate voll und nach Bedarf gestillt wurden, haben darüber hinaus gezeigt, daß sie kein zwanghaftes Daumenlutschen entwickeln.

Genau wie die Zootiere, die nicht genügend fressen, kann hingegen der unbefriedigte Säugling von einer beängstigenden Artigkeit werden. Sie besteht entweder darin, daß er überhaupt weniger schläft, aber auch wachend nicht mehr schreit, oder darin, daß er einen merkwürdig tiefen Schlaf entwickelt. Daß dieser Tiefschlag meist schon in der sehr frühen Säuglingszeit entstanden sein muß, kann man in den psychologischen Untersuchungen immer wieder daraus erschließen, daß Kinder, von denen die Eltern berichten, daß sie bleierntief schlafen, meist ein übersteigertes Trink- oder Saugbedürfnis haben und auch alle anderen Anzeichen einer oral-kaptativen Triebbehinderung.

Auf das sog. Übersprungschlafen – im Konflikt zwischen Angriff und Flucht – ist in der Literatur verschiedentlich hingewiesen worden. Ribble erklärt, daß Säuglinge von Müttern, die zurückweisend, indifferent oder strafend waren, in einen traumatischen Zustand verfallen können, aus dem sie nur schwer zu wecken sind. Tinbergen bringt als Übersprungschlafen das Beispiel jener Infanteristen, die vor dem Angriff von unüberwindlicher Schlafsucht befallen wurden. Dührssen weist in bezug auf die Enuresis auf den Tiefschlaf bei Kindern hin. Spitz beschreibt das Einschlafen eines oral-kaptativ behinderten Kindes als Regression angesichts einer Situation, der es sich nicht gewachsen fühlte[8].

Werden die Triebbehinderungen über lange Zeit fortgesetzt, so kann der Zustand eintreten, daß der Säugling matt wirkt, nicht lächelt und sich nur zögernd entwickelt.

Unschwer lassen sich an diesen Geschehnissen die Gesetze der Antriebsbehinderung wiedererkennen: Steigerung des reizauslösenden Verhaltens, hier das Schreien; Steigerung der Suchbewegungen, sprich Jactationen; Antriebsverzehr am Ersatzobjekt – hier Schnuller oder inadäquate Nahrung; oder Ausweichen in eine Handlung, die einem anderen Funktionskreis entstammt, hier dem Tiefschlaf. Alle diese Erscheinungsweisen gibt es homolog bei Tieren, die hungern mußten.

Dabei kann uns das Nachdenken über das Wesen der Stereotypie Aussagen vermitteln über das spätere Schicksal von Menschen, die eine oral-kaptative Störung erworben haben. Wie wir hörten, entstehen Stereotypien entweder dadurch, daß immer wieder keine hinreichende Sättigung erreicht wird – wie bei Pawlows Hunden –, oder dadurch, daß die oral-kaptative Funktion nicht getätigt wird. Die Antriebsspannung bleibt in diesen Fällen chronisch erhalten, und zwar auch dann, wenn der Mensch später die Möglichkeit hat, sich befriedigend zu ernähren. Ja, er »bleibt an die orale Stufe fixiert«, wie es in der Sprache der Psychoanalyse heißt. Aber auch die negativen Gefühlserlebnisse, die bei Antriebsbehinderungen entstehen, tragen zur Chronifizierung bei. Ich sagte bereits: Das Antriebsziel heißt objektiv Entspannung, subjektiv Befriedigung. Ich

8 R. Spitz, Nein und Ja. Stuttgart 1960.

werde es am Fall Peter zu schildern versuchen, daß Unbefriedigtsein durch unerreichte Entspannung beim Kind zu Angst und Vermeidungsreaktionen führt, die geeignet sind, die Triebspannung weiterhin zu erhöhen und zu chronifizieren.

A. Dührssen sagt: »Wird ein Kind in früher Entwicklungsepoche übertrieben geängstigt, beunruhigt oder – was das gleiche Resultat hat – allein gelassen, so schieben sich notgedrungen noch lange Zeit später immer wieder die alten, die beunruhigenden Affektwallungen in den Vordergrund, selbst dann, wenn die Gegenwart inzwischen heiter, wohlwollend und freundlicher geworden ist. Das Lebensgefühl eines in den frühen Entwicklungsphasen nachhaltig geängstigten Kindes bleibt lange und hartnäckig getönt von allgemeiner Ängstlichkeit und Unruhe. Sind doch die Kinder in früher Reifungsstufe ausgeliefert an die Gefühlserlebnisse, die ihnen vermittelt werden, und tragen diese Erfahrungseindrücke ganz offenkundig länger mit sich herum, als wir früher je vermutet hätten.«[9]

Dieser Sachverhalt trifft auch für die ungelöste Antriebsspannung zu. Das Bestehenbleiben der Antriebsspannung zeigt sich z. B. später darin, daß so ein Mensch einerseits voller Gier, voller Ansprüche, voller Ungeduld und Hast ist und daß er dazu neigt, an den ursprünglich gedrosselten Antrieb fixiert zu bleiben, indem er ein süchtig Essender, Trinkender, Rauchender und allgemein Verkonsumierender wird. Er möchte alles haben und fühlt sich dennoch immer als Habenichts. Ein ähnliches Erhaltenbleiben der Antriebsspannung gibt es auch bei Ratten. Müssen sie als Jungtiere hungern, so erhöht sich ein gierig-übersteigerter Drang zu horten, eine Eigenschaft, die bei diesen Tieren lebenslänglich erhalten bleibt (Thorpe 1956). In einer typischen Weise kommt es auf dem Boden so einer Schädigung häufig zu späten Antriebsdurchbrüchen: nämlich zu diebischen Handlungen. Umgekehrt bestätigt sich in der Praxis, daß in der Anamnese jugendlicher Diebe oft langanhaltende Behinderungen des Nahrungstriebes in den ersten Monaten nach der Geburt nachweisbar sind.

Wir wollen uns nun anhand dieses Wissens Peters Lebens-

9 A. Dührssen, Psychogene Erkrankungen bei Kindern und Jugendlichen. Göttingen 1960, 3. Aufl., S. 53.

geschichte noch einmal anschauen. In bezug auf sein Schicksal ist es durchaus berechtigt zu fragen, ob alle seine Leiden und seine gefährliche Fehlentwicklung vermeidbar gewesen wären, wenn die Mutter von der unumstößlichen Notwendigkeit, ihr Kind zu stillen, überzeugt gewesen wäre.

N. R. Newton, M. Newton und Spitz beschreiben den Einfluß der positiven Einstellung der Mutter zur Stilltätigkeit auf die Laktation. N. R. Newton und M. Newton verfolgten die Stillfähigkeit von Müttern, die sie nach der Geburt ihrer Kinder nach ihrer Einstellung befragt hatten. Später korrelierten Stillfähigkeit und positive Einstellung. Spitz berichtet die Mitteilung der Insassin eines Konzentrationslagers. »Es habe dort keine Stillprobleme gegeben. Alle Mütter hätten Milch gehabt. Das käme daher, daß die Lagerleitung die Kinder ohne weiteres verhungern ließ, wenn die Muttermilch versiegte.«[10]

Wir können heute in diesem Einzelfall nicht mehr und auch grundsätzlich noch nicht sagen, ob der Milchschorf durch die Unverträglichkeit der Ersatznahrung oder dadurch hervorgerufen wurde, daß das Kind den ihm zustehenden Hautkontakt entbehrte. Hautaffektionen als Ausdruck einer Hemmung des sog. Zärtlichkeits-Antriebserlebens sind ein in der Schultz-Hencke-Schule legitimes psychosomatisches Symptom[11]. Gewiß aber ist, daß der kleine Peter durch seine Erkrankung nicht zu seinem Naturrecht kam, von der Mutter sattgemacht zu werden. Der Mangel an Gewichtszunahme, das viele Schreien, die Jactationen bestätigen das. Da wir nun bereits wissen, daß Jactationen, Lutschen und Kratzen zur Beschwichtigung der übersteigerten Antriebsspannung führen, bleibt es höchst fragwürdig, daß Peter bis in sein zweites Lebensjahr hinein Pappmanschetten an den Armen trug, wie die Mutter berichtete. Sie hinderten ihn, mit den Händen zu spielen, zuzugreifen, sie in den Mund zu stecken und damit Antriebsspannung abzuführen. Gewiß, Stereotypien wie das Daumenlutschen, die Jactationen, das Kratzen und Reißen sind neurotische Symptome, ein Anzeichen dafür, daß ein Antrieb behindert ist und

10 Spitz, a. a. O.
11 A. Dührssen, a. a. O., S. 264.

sich ein Ersatzventil gesucht hat. Gewiß, sie sind ein Zeichen dafür, daß eine chronifizierte Dauerspannung besteht, daß die Entwicklung empfindlich gestört ist. Aber wie ich in vielen Fällen beobachten konnte, sind sie auch ein Schutz dagegen, daß Schlimmeres geschieht, nämlich daß der gestaute Antrieb zu unmotivierten und nicht mehr kontrollierbaren Leerlaufhandlungen durchbricht oder in ein apathisches Versagen einmündet.

Peters Entwicklung bestätigt das. Er bekommt schon in frühen Kinderjahren eine Tendenz zum Wegreißen, ja zum Stehlen, die ihm die Menschen in seiner Umgebung zu Feinden macht. Er wird für sein asoziales Verhalten beschimpft, geschlagen und gemieden. Ein Teufelskreis setzt ein. Denn durch ein solches Verstoßenwerden über die langen Jahre seiner Kindheit staut sich nicht nur der Antrieb zum Habenwollen weiter an, sondern zusätzlich eine reaktive Aggressivität gegen seine versagende Umwelt. Daß Peter schließlich nicht nur Eßbares stiehlt, sondern einbricht und sich bis an die Zähne bewaffnet, bestätigt die Gefährlichkeit dieses Teufelskreises. Denn solche übersteigerten Handlungen, die bei den Tieren vielleicht dennoch zum Erreichen des Antriebsziels führen mögen, sind bei einem Kind in einer folgenschweren Weise geeignet, die Chronifizierung der Störung heraufzubeschwören. In Peters Schicksal wird das deutlich: Immer wenn er seinen Spielkameraden den Lutscher oder das Butterbrot entriß, immer wenn er später Süßigkeiten stahl, oder wenn er unverschämt und gierig zu viel nahm, stieß er auf die Strafen und Einschränkungen seiner Umwelt, die begreiflicherweise und nichtverstehend auf soziale Anpassung des Kindes bedacht sein mußte. Vorgänge im Antriebsbereich zur Nahrungsaufnahme wurden auf diese Weise immer neu verunsichert, Erlebnisse der Antriebsbefriedigung immer weniger vollzogen, der Antrieb selbst immer neu gestaut.

Zusammenfassend läßt sich sagen: Peter zeigt also eine sehr typische Lebenslinie, wie sie geradezu folgerichtig aus so einer frühen Antriebsstörung und Antriebsstauung sich entwickelt: Die Antriebe zum Zugreifen und Kontaktsuchen sind durch die unzureichende Versorgung gestört worden. Das Kind hat zu oft und zu lange angstvoll nach seiner Mutter schreien müssen, ohne daß diese kam. Das nun auftretende und sich zur Stereotypie einschleifende

Symptom der Jactatio ist ein Zeichen dafür, daß der Drang, die Spannung, übersteigert vorhanden ist, denn das Hin- und Herbewegen des Kopfes gehört ja zu den primären, instinktiven Bewegungen, die der Säugling durchführt, wenn er nach der Mutterbrust sucht. Im Symptom der Jactatio zeigt sich also, daß Antriebsspannung durch einen Mangel an Befriedigung gesteigert und in der Stereotypie des Schaukelns eine Scheinbeschwichtigung, eine, wenn auch unzureichende, Spannungsentlastung erfährt. Daß sie in der Tat unzureichend ist, zeigt sich im Stehldrang des Jungen; denn überschießend kommt darin der Drang, gierig und unangemessen Dinge, meist Eßbares, an sich zu bringen, zum Ausdruck. Hingegen sind die Fähigkeiten, geduldig bei einer Arbeit auszuharren, sich für Neues zu interessieren und an der richtigen Stelle in angemessener Weise zu bitten, so unzureichend entwickelt, daß das Leben des Jungen bald mit Mißerfolgen gespickt ist.

Freilich heischt in diesem Zusammenhang noch ein anderes Phänomen nach Erklärung: Warum bezog sich Peters Gier schließlich nicht nur auf Objekte aus dem Nahrungsbereich? Warum mußte er schließlich alles haben? Die Bauklötze, die Bälle, die Spielzeugautos zuerst, warum ließ er schließlich wahllos die Dinge »mitgehen«, die ihm greifbar erschienen, warum wurde seine Haltung insgesamt so ansprüchlerisch? Läßt sich auch hier mit Hilfe der biologischen Gesetze eine Erklärung finden?

Beim Tier erfolgt die Einschränkung der adäquaten Auswahl des Antriebsobjekts zugunsten einer inadäquaten, wenn man es behindert, das adäquate Antriebsobjekt zu erreichen, so daß dadurch eine erhöhte Antriebsspannung und Reizschwellenerniedrigung hervorgerufen wurde. Nach dem Motto: in der Not frißt der Teufel Fliegen, wird auch ein Kind zunächst weniger wählerisch in der Auswahl der Speisen, kaut schließlich auch an Grashalmen, Streichhölzern und Federhaltern und dehnt seine Erwerbswünsche auch auf Objekte aus, die über den oralen Bereich wahllos hinausgehen. Außerdem haben uns die Verhaltensforscher mit der Beschreibung der »Leerlaufhandlung« einen Schlüssel dafür in die Hand gegeben, daß mit steigendem Antriebsdruck auch beim Menschen die Antriebshandlung an sich immer mehr in den Vordergrund rückt und damit der Realitätsbezug zu adäquaten Objektbeziehungen immer geringfügiger wird.

Konrad Lorenz weist bei seiner Beschreibung des beuteschnappenden Kolkrabens auf den Bezug zur Halluzination hin. Gibt es solche Leerlaufhalluzinationen auch beim Menschen in bezug auf das Nahrungsverhalten? Bei aktiven Antriebsdurchbrüchen pflegt in diesem Bereich wohl immer ein Rest von Objektbezogenheit erhalten zu bleiben. Eine Handlung dieser Art ist z. B. das Kaugummikauen. Aber es gibt eine Fülle von »überflüssigen« Mundbewegungen, Lippeneinziehen, -vorstülpen usw., die im Grunde Leerlaufhandlungen des Saugantriebs sind. Bei Heimkindern und Zootieren gibt es solche Stereotypien in großer Zahl. Der Endzustand einer solchen sich verselbständigenden Handlungsbereitschaft ist der kleptomane Rückfalldieb und Gewohnheitseinbrecher, dessen Schicksal sich im Teufelskreis schließlich lebenslänglich hinter Zuchthausmauern besiegeln kann.

Ergänzend muß noch darauf hingewiesen werden, daß viele der frühen Antriebsstörungen aus dem Bereich der Nahrungsaufnahme Magenerkrankungen zur Folge haben. Es besteht eine umfängliche Literatur, die nachweist, daß bei Magenkranken die Primärschädigungen im Säuglingsalter erfolgten in der Art, wie ich sie beschrieb.

»Alle Beobachtungen sprechen dafür«, schreibt Schwidder in seiner Arbeit über die Psychosomatik und Psychotherapie bei Störungen und Erkrankungen des Verdauungstraktes, »daß die Einschränkung der Bedürfnisbefriedigung im ersten Lebensjahr ungünstige Folgen hat.« Und weiter: »Die Appetit-, Hunger- und Eßstörungen sind meist die ersten Anzeichen und Signale für neurotische Fehlentwicklung mit Beteiligung des Verdauungstraktes.«[12]

Beobachtungen und Experimente mit Tieren können diese klinischen Erfahrungen stützen. Ader z. B. stellte 1964 fest, daß bei Laborratten, die man 48 Stunden ohne Futter und Wasser gelassen und mit einer Gazebinde unbeweglich gemacht hatte, im Vergleich zu einer Kontrollgruppe Organveränderungen nachweisbar waren.

Letztlich soll in diesem Zusammenhang noch einmal erwähnt werden, daß auch der Mensch wie das Tier apathisch-depressiv wird, wenn der Antrieb zum Zupacken zu stark eingeengt ist. In

12 W. Schwidder, Psychosomatik und Psychotherapie des Verdauungstraktes. In: Documenta Geigy. Acta psychosomatica, Nr. 7, Basel 1965.

diesem Sinne schreibt auch Schwidder: »Oft sind die nach außen unauffälligen Kinder, die normal-angepaßt, still und zurückgezogen sind, viel schwerer gestört als solche mit lärmenden Symptomen.« In jenen Fällen aber, in denen der Antrieb zum Zugreifen und außerdem zur Aggression – wie ich später noch aufzeigen werde – behindert und gestaut ist, entsteht eine erhöhte Gefahr zum Selbstmord. Dazu abschließend noch ein Beispiel:

Der dreizehnjährige Hartmut wurde als ältester Sohn eines Kaufmanns mit Kaiserschnitt geboren. Er war in seinen ersten beiden Lebensjahren nicht von seinen Eltern getrennt worden. Die Mutter sagte aber wörtlich mit Stolz: »Ich habe ihn von Anfang an viel schreien lassen. Ich war absolut dagegen, ihn zu verwöhnen.« Bis zum zehnten Lebensjahr lebte der Junge bei der Großmutter, weil die Mutter sich scheiden ließ und eine neue Ehe einging. Als er zur Mutter zurückkam, zeigte sich, daß er gelegentlich kleine Geldbeträge entwendete. Er äußerte den Wunsch, Konditor zu werden – bezeichnenderweise. Er war im allgemeinen still und gedrückt und schwänzte ein paar Mal die Schule, was aber erst später herauskam. Eines Tages nahm er eine so hohe Dosis Schlaftabletten, daß er drei Tage lang bewußtlos im Krankenhaus lag. Dann wurde er nach einigen Tagen »geheilt« entlassen. Wann wird Hartmut den nächsten Versuch machen, sich leise von dieser Welt »hinwegzustehlen«, die ihm nichts zu »geben« hatte?

### *4. Unterschiede zwischen Menschen und Tieren in bezug auf den Antrieb zur Nahrungsaufnahme*

Ein Tier, dessen Antriebsspannung chronisch nicht gelöst wird, entwickelt eine Reihe starrer Fehlverhaltensweisen, Stereotypien. Oft verkümmert das Tier und stirbt. Spielen sich hingegen die Instinkthandlungen ungehindert ab, kommt es immer wieder zu den gleichen Handlungsvollzügen der Nahrungsaufnahme. Hier nun zeigt sich im Vergleich zum Menschen ein sehr fundamentaler Unterschied: Wird ein Säugling oft ausreichend und lange genug saugend satt, so erwirbt er eine generelle Funktionstüchtigkeit, die Fähigkeit, zu erwerben und zu erobern. Während nun bei einer gestörten

Antriebshandlung der Antrieb gestaut und an das ursprüngliche Triebobjekt starr fixiert wird, so daß es nur als Folgeerscheinung weiterer Behinderung auf andere Triebobjekte übergehen kann – wobei alle Handlungen dennoch niemals den Charakter einer übersteigerten oralen Tönung verlieren –, weitet sich die Möglichkeit des gesunden Säuglings zu einer – so könnte man sagen – größeren Funktionsfreiheit aus, die eine weitere Entfaltung überhaupt erst möglich macht. Das heißt: die kaptative Antriebsfunktion bleibt nicht immer nur an Antriebsobjekte gebunden, die der Absättigung des Nahrungsbedürfnisses dienen. Sie kann sich auf andere Objekte richten, die nicht aus dem Nahrungsbereich stammen. Es wird später noch zu zeigen sein, wie verschiedene Funktionen zusammenfließen in neue Handlungen und höhere Lernvorgänge, ja, daß sogar vollausgebildete Funktionsfähigkeit ursprünglicher Antriebshandlungen als Voraussetzung nötig ist, um solche Lernvorgänge vollziehen zu können. Diese Tatsache macht es aus, daß grundsätzlich die Störungen am Lebensanfang die schwersten sind, weil sie zusätzlich schwerere weitere Behinderungen zur Folge haben. Hieraus wird auch die Beobachtung verständlich, warum ein Kind, das im Antrieb zur Nahrungsaufnahme gestört ist, auch die späteren Entwicklungsphasen, in denen Antriebshandlungen anderer Art zur Entfaltung kommen, nicht ausreichend absolviert. Um in der Sprache der Antriebslehre zu sprechen: Ein oralgeschädigtes Kind hat meist auch Behinderungen in intentionalen, aggressiven, sexuellen Antriebsbereichen. Auch Schwidder macht 1952 in einer statistischen Studie über den Beginn von Neurosenmanifestationen die Aussage, daß unvermischte Neurosenstrukturen selten sind[13].

## *5. Probleme der Therapie*

Ist so eine schwere Fehlverhaltensweise, wie z. B. Peter sie zeigt, überhaupt reversibel? Eine Störung des Antriebs zur Nahrungsaufnahme bedeutet immer, daß eine Fülle von Funktionen nicht ausreichend getätigt, daß die Krankheit so alt ist wie der Patient selbst

13 W. Schwidder, Zur poliklinischen Behandlung psychogener Erkrankungen des Kindes- und Jugendalters. In: Z. Kinderpsychologie I, 1952, S. 33–39.

– genauer: einige Tage, Wochen oder Monate jünger. Sie bedeutet, daß der Mensch in einer starren, mechanisch-eingefahrenen Weise falsch reagiert. Jeder Mensch, der je versucht hat, umzulernen – nämlich eine oft geübte mechanisierte Handlung in einer anderen Weise zu vollziehen, wie etwa die Bedienung eines neuen Autos –, weiß, was für ein mühseliges Unterfangen das ist, und zwar dadurch, daß jedesmal ein kontrollierender, bewußter Denkvorgang in den Umerziehungsprozeß eingeschaltet werden muß. Außerdem gehört es zum Wesen dieser Störung, daß sie mit der Außenwelt, ja mit dem Gesetzbuch in Konflikt gerät, eine Gegebenheit, die das mühselig begonnene Heilungswerk täglich und stündlich gefährdet. Ja, wenn man den Kranken wie einen Menschen mit zerbrochenen Gliedern in ein Schonbett packen könnte! Aber die Artung der Störung ist so, daß sie auch dort nur heilen kann, wo sie entstand: mit und an der Auseinandersetzung mit der Umwelt. Außerdem ist sie langwierig, wie jeder Umgewöhnungsprozeß. Im Mittelpunkt therapeutischer Bemühungen stehen drei Vorgänge, die sich aus dem Wissen über die Entstehung der Störungen ableiten:

1. Angstfreies Erleben oraler Impulse
2. Abbau der Abwehr
3. Üben der Funktion des Zugreifens und Habenwollens, falls sie atrophiert oder verdrängt ist, und zwar am besten in Verbindung mit Handlungen der Nahrungsaufnahme. (Deshalb kochen, backen und essen wir häufig zusammen mit solchen Kindern.)

Solche therapeutischen Bemühungen des Nachübens und Nachholens bei Kindern unterscheiden sich ihrer Struktur nach nicht von therapeutischen Bemühungen mit kranken Zootieren. Beim Menschen ist nun aber noch ein viertes Moment für das Gelingen der Therapie entscheidend, und zwar in einer komplizierteren Weise als bei Tieren. Das liegt daran, daß wir beim Menschen niemals die Verknüpfung negativer Gefühlserlebnisse mit den Antriebsstörungen außer acht lassen dürfen, ja, daß diese negativen Erlebnisse dominierender als beim Tier an eine Person geknüpft sind und infolgedessen auch an der Person und durch sie gelöst werden können. Ein Beispiel mag das verdeutlichen:

Wenn man vor eine Katze eine Klappe herabfallen läßt in dem Augenblick, in dem sie die Nahrung packen will, die hinter der

Öffnung des Gefäßes bereit lag, so bekommt die Katze Angst und unterläßt die Handlung, nachdem sie einige Male den Schlag erfahren hat. Der Eindruck solch einer bösen Erfahrung läßt sich nun löschen, indem man das Tier, das allmählich generell bei der Nahrungsaufnahme Furcht zeigt, in einer anderen Umgebung viele Male die Erfahrung machen läßt, daß der ängstigende Reiz unterbleibt. Allmählich kann man dann auch ähnliche Fütterungsgegebenheiten herstellen wie jene, in der die Katze damals geängstigt wurde. Schließlich können auch der Raum und der Behälter wieder benutzt werden, die früher mit dem ängstigenden Eindruck verknüpft waren. Die negative Erfahrung ist durch eine positive überdeckt, der böse Eindruck dadurch vergessen worden. Wird nun aber so ein Schlag, der das Tier hindert, sein Triebobjekt – hier die Nahrung – zu erreichen, nicht durch eine Klappe, sondern direkt von einem Menschen ausgeführt, so passiert etwas, das alle Tierhalter kennen, wenn sie das Tier zu oft bestraften: Es wird handscheu, und zwar nicht nur gegen die eine Person, die strafte, sondern gegen die Spezies. (Hier hat – nebenbei bemerkt – das Phänomen der von Freud entdeckten sog. Übertragung seine Wurzel, die Beobachtung nämlich, daß der neurotische Mensch sich seinem Analytiker gegenüber genauso benimmt – und mit denselben Reaktionen antwortet – wie gegenüber der Person, die die Schädigung dereinst hervorrief.)

Bei Menschen, die Antriebsstörungen haben, ist die Verknüpfung von negativen und ängstigenden Gefühlstönungen mit einer Person, die behindernd erlebt wurde, meist in einer bestimmenden Weise ebenso nachweisbar wie die Generalisationstendenz dieser Vorstellungen. Ja, das ist merkwürdigerweise auch dann der Fall, wenn die Mutter tatsächlich keine Schuld an der Behinderung trägt, wie etwa bei den Sondenkindern. An das Gefühl der Spannung und Unlust knüpft sich die Vorstellung einer behindernden, gefährlichen Mutter, die nicht birgt, sondern die das Kind hungern läßt, die es fressen und vergiften will und löst Aggressionen gegen sie aus.

In diesem Zusammenhang ist es wichtig zu erkennen: Man kann in der Psychotherapie von Kindern im allgemeinen nicht einfach die Störung »abkonditionieren«. Um das an unserem Fall Peter zu erhellen: Man kann dem Jungen jetzt nicht unentwegt gutes Essen in großen Mengen vorsetzen lassen, am Fließband, durch die

Klappe aus der Küche – dann wäre es einfach, mit Hilfe der sog. »Verhaltenstherapie« viele Kinder gesund zu machen und sie zu der nachholenden Erfahrung kommen zu lassen, daß man in Ruhe sein gutes Essen verzehren darf. Das ist übrigens genau der Effekt, den ein Gasthaus für einen oral geschädigten Menschen hat, und deshalb zieht es ihn auch suchtartig dorthin, ohne in der Tiefe seiner Seele abgesättigt zu werden und damit umzulernen. Denn er bedarf nicht nur der Handlung des Essens, er bedarf nicht nur des Gefühls der Sättigung, er bedarf dazu auch noch der spendenden Person.

Die subtilen Kenntnisse um die biologischen Gesetze der Antriebsbehinderung, die für den Menschen in gleicher Weise gelten wie für das Tier, lassen also keineswegs den Schluß zu, es reiche bei den therapeutischen oder pädagogischen Beeinflussungen von Menschen aus, mechanistische Techniken oder Praktiken anzuwenden. Im Gegenteil: Die biologischen Zusammenhänge können uns verdeutlichen, daß der Mensch, um geheilt zu werden, fast immer des Menschen bedarf.

Dieser Gesichtspunkt erhellt auch, warum der Akzent in einer Psychotherapie bei Kindern nicht auf dem Abreagieren am Ersatzobjekt liegen kann. Dieses macht den heilenden Wert nicht aus, es heilt nicht, sondern stellt eine Ersatzbefriedigung her mit allen positiven, aber auch fragwürdigen Aspekten, die ich bereits dargestellt habe. Das zentrale Geschehen in der Therapie des Menschen ist die wissende, behutsame, aber doch gezielte und sich-selbst-spendende Hinwendung des Therapeuten zum Kind. Sie allein ist in der Lage, dazu zu führen, daß es seine falschen Vorstellungen begräbt und seine Handlungsweise ändert. Diese Haltung des Schenkens im freien Bezug ist eine spezifische Domäne des Menschen, eine Folge seiner Differenziertheit, die über das Tier weit hinausgeht. Sie erst läßt das Kind wahrhaft zum Menschen werden. Die Antriebsbefriedigung, die auf diese Weise entsteht, hat eine Stimmung der friedvollen Gelassenheit in bezug auf oral-kaptative Wünsche zur Folge. Auf diese Weise nur wird die Voraussetzung geschaffen, Handlungen des Aufschubs und Verzichts ertragen und einüben zu können, Leistungen, ohne die eine differenzierte kulturelle Entwicklung nicht möglich ist.

### *6. Schlußbemerkung*

Die oral-kaptative Antriebsstörung ist die schwerste unter den Antriebsstörungen, weil sie bereits am Lebensanfang, im Säuglingsalter entsteht; und zwar hat sie immer ihre Ursache in einem fehlerhaften Vollzug jener Instinkthandlung, in die Mutter und Kind zum Zwecke der Lebenserhaltung des hilflosen Säuglings eingespannt sind. Diese Fehlerhaftigkeit kann verschiedenartig sein: Sie kann darin bestehen, daß 1. der Säugling über lange Zeit nicht genug Nahrung bekommt oder daß 2. die Nahrung oft nach zu langüberdehnten Durststrecken angeboten wird, die deshalb für den Säugling unzumutbar sind, weil sie in ihm chronische Existenzängste des Verhungerns mobilisieren. 3. Die Fehlerhaftigkeit jener Instinkthandlung kann auch darauf beruhen, daß das sog. Antriebsobjekt, hier die Mutterbrust, durch eine Attrappe – hier meist die Flasche – ersetzt wird. Dadurch müssen freilich keineswegs unabwendbar Störungen hervorgerufen werden, aber die Möglichkeiten dazu werden auf verschiedene Weise beträchtlich erhöht.

Es wird ein wesenhafter natürlicher Bezug zwischen Mutter und Säugling künstlich unterbrochen, so daß die gute Mutter-Kind-Beziehung ihrer biologischen Handfestigkeit beraubt ist. Dadurch bietet die Flasche eine Fülle der Fehlerquellen mehr, die zum Einschleifen eines Teufelskreises in der seelischen Entwicklung geeignet ist. Sie erhöht z. B. die Krankheitsgefahr. Damit wohnt ihr mehr die Gefahr einer Hospitalisierung, d. h. einer langfristigen Trennung von Mutter und Säugling inne, die – wie ich noch zeigen werde – in einem bestimmten Zeitraum irreversible Schäden vorbereiten kann. Die Flasche kann dem Kind aber auch durch die Art und Weise der Nahrungsübermittlung schaden. Vor allem kann dem Kind die Nahrung mit Hilfe eines zu weiten Flaschensaugers zu mühelos, zu anstrengungslos zugeführt werden. Aus der Erfahrung mit Sondenkindern wissen wir, daß in solchen Fällen später die Funktion des Zupackens und Sichanstrengens unzureichend vorhanden ist. Das ist vor allem dadurch erklärbar, daß die Tätigkeit des Saugens eine wesentliche Funktion hat, die mit zur Antriebsbefriedigung führt. Werden Saugvorgänge nicht vollzogen, atrophiert diese Funktion und kann sich später auch nicht generalisieren.

4. Die Folgeerscheinungen sind den Anzeichen von Antriebsbehinderungen bei Tieren zum Teil homolog: Bewegungsunruhe, Hast und Gier kennzeichnen auch das diffuse *Appetenzverhalten* höher entwickelter Tiere, die extrem hungrig sind. Jactationen als ein Suchen nach der Mutterbrust sind bei Affenbabys beschrieben worden, die man ihren Müttern geraubt hat. Das Daumenlutschen ist auch bei Affen, die in dieser Weise frustriert sind, die Domäne oraler Ersatzbefriedigung am eigenen Körper. Auch das Lutschen und Lekken an fremden Objekten trägt den Charakter der Entlastung einer zu hohen Antriebsspannung.

*Befriedigungen am Ersatzobjekt* haben die Neigung, zu einer eingefahrenen Gewohnheit zu werden, weil der Antriebsdruck sich durch den Mangel an echter Befriedigung sehr schnell wieder erneuert. Diese sog. Stereotypien haben zwar einen entlastenden, aber keinen heilenden Wert.

Für Menschen und Tiere gilt gleichermaßen, daß sich die Intention zur Auswahl der Nahrung mit der Reizschwellenerniedrigung durch den höheren Antriebsdruck zugunsten einer Gleichgültigkeit einschränkt. Ja, es gibt bei Tieren *Leerlaufhandlungen* des Beuteschnappens, während der Mensch bei extremem Antriebsstau zu stereotypen Mundbewegungen und zum diebischen Übergriff neigt. Außerdem kennen wir sowohl bei Menschen wie bei Tieren die Apathie der Hoffnungslosigkeit.

Die *funktionellen Störungen* im körperlichen Bereich entziehen sich innerhalb der Zoologie meist noch der Erforschung. Bei Menschen dominieren in diesem Antriebsbereich die Funktionsstörungen der Blase und des Magen-Darm-Traktes. Sie entstehen aber auf verschiedene Weise: Zum Einschleifen eines Bettnässerleidens ist die Stimmung resignierter Apathie Voraussetzung. Die Störungen des Verdauungstraktes sind dagegen meist auf eine inadäquate Sekretion zurückzuführen, die dadurch hervorgerufen wird, daß orale Wünsche nicht gewagt werden und zu unbewußten Wunschvorstellungen führen.

Insgesamt läßt sich konstatieren, daß die oralen Störungen des Menschen eine ebenso typische wie konsequente Entwicklungsgeschichte haben. Sie führen in die sog. depressive Charakterstruktur, die generell durch die Erschwerung der Fähigkeit, sich anzustrengen und aktiv zu sein, gekennzeichnet ist. Sie kann vom ersten Lebenstag des Menschen an entstehen, bedarf aber – um sich einzuschleifen – vieler wiederholter Behinderungen. Die Möglichkeit, eine solche Schädigung zu erwerben, nimmt mit der wachsenden Verselbständigung eines Kindes ab, so daß gleichartige Antriebsstörungen im Erwachsenenalter lediglich in Hungersnöten neu entstehen können.

Störungen im oralen Bereich beim Menschen haben zur Folge, daß auch die folgenden Reifestadien nicht befriedigend vollzogen werden, weil die Funktion des Zupackens und Sichanstrengens in vielen anderen Lebensvollzügen, die von der Nahrungsaufnahme abgelöst sind, ebenfalls benötigt werden.

In der kinderpsychotherapeutischen Praxis hat der größere Teil der vorgestellten Kinder eine Störung dieses oralen Antriebs mit ihren vielfältigen, im allgemeinen aber höchst anstößigen Fehlverhaltensweisen. Es darf vermutet werden, daß auch das Ansteigen der Diebstahlsdelikte seine primäre Ursache darin hat, daß Antriebsstörungen dieser Art in der oben beschriebenen Weise immer häufiger entstehen.

Wenn man Antrieb und Antriebsschicksal, Antriebsstörung und Folgeerscheinungen dieser Störungen bei Menschen und Tieren miteinander vergleicht, so wird deutlich, daß der Antrieb und seine Störungen wohl in ihrer inneren Struktur gleich, aber in den Folgeerscheinungen völlig verschieden sind, weil der Mensch mit seinem komplizierten Großhirn auch sehr viel höhere Entfaltungsmöglichkeiten hat. Seine erhebliche Gefühlsdifferenziertheit spielt dabei eine große Rolle. Das ist auch der Grund dafür, daß das therapeutische Vorgehen gegen Antriebsstörungen bei Menschen und Tieren unterschiedlich sein muß, und zwar im Kern derart, daß der Mensch des Menschen bedarf, während bei den Tieren ausreicht, sie umzukonditionieren oder die unzureichende Funktion übend nachzuholen.

# III. Das intentionale Antriebsgeschehen und seine Störungen

Kinder, die die ersten Lebensjahre in einem Heim verbrachten, zeigen merkwürdig gleichartige Verhaltensweisen: Sie sind gekennzeichnet durch eine planlos-fluktuierende Unkonzentriertheit, durch ein unmotiviertes Aggressivsein, durch ein Unvermögen, genau zu beobachten. Berührungs-, Frage- und Zerstörungsdränge stehen im Vordergrund. Aber diese Impulse sind von einer diffusen, hastigen Flüchtigkeit, von einem Überrennen charakterisiert. Kommen Heimkinder zur Untersuchung, so fragen viele von ihnen in den verschiedensten Altersgruppen fortgesetzt: »Was ist das?« Aber die Antwort bleibt unfruchtbar für sie, weil sie mit dem neuen Wortsymbol nicht zu dem erfragten Gegenstand zurückkehren und es in beschaulicher Betrachtung mit ihm verbinden. Meist haben sie in einer überhasteten, taktlosen Weise bereits neue Schubläden aufgerissen. Die Möglichkeit zu einer beschaulichen Beobachtung, zum Erforschen, zum gründlichen Betrachten und damit zum Lernen steht vielen diesen Kindern nicht zur Verfügung. Die Fehlverhaltensweisen treten um so charakteristischer in Erscheinung, je länger solche Kinder während ihrer ersten beiden Lebensjahre von verschiedenen und häufig wechselnden Bezugspersonen versorgt worden sind, also auch bei Kindern, die in Krankenhäusern waren, die von ihren Müttern vernachlässigt oder aus irgendwelchen Gründen in ihrer frühen Kindheit »herumgereicht« wurden. Ein charakteristisches Beispiel soll diese Zusammenhänge veranschaulichen:

Jürgen ist unmittelbar nach seiner Geburt zusammen mit seinen beiden älteren Schwestern, mit der zweijährigen Ursula und der dreijährigen Sabine, von der Mutter in ein Säuglingsheim gegeben worden, weil die Ehe der Mutter zerbrach und sie sich eine neue Existenz aufbauen wollte. Nach ihrer Kleinkinderzeit wechselten die Geschwister in ein Heim für ältere Kinder über. Ich habe diese drei Kinder untersucht, als sie acht, zehn und elf Jahre alt waren. Es zeigte sich, daß die Schwestern wesentlich geringfügigere Verhaltensstörungen hatten als ihr Bruder. Als der Junge acht Jahre alt war, schrieb die Heimleiterin folgenden Bericht: »Das Kind Jürgen

P. wurde im Herbst aus der Volksschule M. ausgeschult, weil die Leistungen sehr schlecht sind. Er stört fortgesetzt und stellt die komischsten Dinge an. Da er groß und sehr kräftig ist, aber auch feige, belästigt er sehr die schwächeren und kleineren Kinder. Der weite Schulweg hat für dieses unberechenbare Kind viele Gefahren. Das Üben der Hausaufgaben ist derart schwierig, daß wir oft vergeblich mit dem Kind üben. Jürgen kann sich überhaupt nicht beschäftigen, nichts interessiert ihn, aber destomehr zerstört und zankt er. Besonders bemerkenswert ist die krankhafte Nervosität Jürgens, die ihn auch nachts nicht ruhig schlafen, sondern viel singen und schaukeln läßt.«

Drei charakteristische Merkmale werden bei Kindern, die in solcher Weise gestört sind, immer wieder beobachtet: Erstens das Unvermögen, sich für einen Lernstoff zu interessieren, zweitens überschießende, wuchernde, unmotivierte Aggressionen und drittens ein Unvermögen, sich an eine Ordnung zu halten, sich zu binden. Ich hoffe, im Vergleich mit Tierexperimenten später hinreichend deutlich zu machen, inwiefern der Erwerb solcher traurigen und gefährlich-negativen Charaktereigenschaften auf der Störung des Antriebs beruht, dessen Entfaltung für den Menschen von entscheidender Wichtigkeit ist.

Ein weiterer Heimbericht über den elfjährigen Jochen, der seit seiner Geburt im Heim ist, mag das eben Gesagte erhärten:

»Jochen besucht die vierte Klasse der Sonderschule«, schreibt die Heimleiterin. »Die Anforderungen dort sind für ihn viel zu hoch. Mit den Aufgaben in Deutsch kann er überhaupt nichts anfangen, dann weint er vor Angst, nachsitzen zu müssen, und wird aus dieser inneren Unsicherheit heraus ein immer schwierigeres Kind. Periodenweise bricht es dann bei ihm durch. In dieser Zeit schlägt er bei der geringsten Kleinigkeit blindlings um sich. Oft fließt Blut, so richtet er andere Kinder zu, was mit zunehmender Körperkraft eine echte Gefahr wird.«

Jochen leidet an den Folgen des Heimaufenthalts in seiner Säuglingszeit. Er hat einen Hospitalschaden.

Über den Hospitalismus liegt, vor allem aus den letzten Jahren, ein umfängliches Untersuchungsmaterial vor. Freilich sind die Autoren meist Engländer und vor allem Amerikaner. Auf deutschem

Boden ist der Hospitalismus vor allem von A. Dührssen in ihrer Untersuchung »Heimkinder und Pflegekinder in ihrer Entwicklung« mit statistischem Material untersucht worden. Dennoch ist er in Deutschland immer noch nicht hinreichend bekannt, vor allen Dingen in bezug auf seine Folgen, wie es dringend nötig wäre. Erstmalig hat bereits 1954 A. Dührssen den Hospitalismus mit seinen psychischen Folgeerscheinungen dargestellt. Sie schreibt:

»Es ist eine Feststellung der erfahrenen Kinderärzte aller Länder, daß ein Säugling, der in hygienisch einwandfreier, aber gefühlsmäßig kalter Umgebung aufwächst, nicht richtig gedeiht. Immer wieder ist dabei das Verhalten eines Säuglings, der plötzlich von der Mutter getrennt und ins Hospital versetzt wird, mit dem Zustand der Depression beim Erwachsenen verglichen worden. Das Kind wird matt, lahm und gedrückt, es antwortet nicht mehr auf ein Lächeln oder einen zärtlichen Laut, die Spontaneität sinkt herab und der Entwicklungsquotient fällt rapide. Körperliche Erkrankungen, insbesondere Dyspepsien, werden häufig. Aus sorgfältigen Studien, die die Entwicklung jener Kinder weiter verfolgten, die in sehr früher Zeit in diesem Sinne gestört wurden, hat sich ergeben, daß nur mit Mühe so gesetzte Entwicklungsschäden wieder repariert werden können. Man meint sogar, daß eine Entwicklungsstörung, die in früher Zeit für mehr als zwölf Monate wirksam war, fast überhaupt nicht mehr voll ausgeglichen werden könne. Adoptiveltern, die so geschädigte Kinder zur Adoption erhalten, klagen oft, daß sie keinen Zugang erhalten zum Erleben des kleinen Wesens. Die Kinder werden kontaktarm, kontaktscheu, evtl. sogar gemütlos. Ihr Verhalten zeigt Lücken der Gefühlsbewegtheit und ihre Kontaktnahme macht den Eindruck eines oberflächlichen Scheinkontaktes, der auf den Partner uneinfühlbar und unverständlich wirkt. Was anderen Kindern Freude macht, scheint diesen so gestörten Kindern kaum etwas zu bedeuten. Der lebhafte Reichtum von Wünschen und Plänen, der sonst ein Kinderleben auszeichnet, scheint hier zu fehlen. Der Aufforderungscharakter der Welt ist herabgesetzt. Sofern es möglich ist, den Entwicklungsgang eines solchen Kindes bis ins spätere Erwachsenenalter hinein zu verfolgen und den dann heranreifenden Erwachsenen über sein eigenes Erleben zu befragen, so bieten sich hier die typischen zugehörigen Berichte an. Solche Menschen erleben die umgebende Welt zwar formal und hinsichtlich der sinnlichen Wahrnehmungen ebenso wie der nicht-neurotische Nachbar, aber dem Sinneseindruck fehlt der volle, warme, bewegende, auffordernde Bedeutungsgehalt oder – wenn überhaupt – ist er mit negativen Gefühlstönen besetzt. Insbesondere macht sich das bemerkbar beim affektiven zwischenmenschlichen Kontakt. Auch der Erwachsene bietet genau wie in seiner kindlichen Entwicklungsperiode ein sonderbares, uneinfühlbares Verhalten. Er wird sprunghaft, fremdartig, er ist abweisend, wo ein anderer sich freundlich gibt. Er verhält sich kalt und scheinbar gefühllos, wo warme menschliche Zugewandtheit erwartet wird.

Für diese Kinder ist die Welt der Gegenstände eher beunruhigend oder scheinbar bedeutungsleer und gleichgültig. Kinder dieser Art können unter Umständen deshalb nicht spielen, weil die Gegenstände, die sich vor ihnen ausbreiten, ihnen nichts bedeuten. Im Verhalten wirken sie oft genug lahm, langweilig und einfallslos. Möglicherweise sind sie ganz isoliert und nur mit besonderer Erregung an einen schmalen Sektor der Betätigung fixiert, der für sie aus den vielen Möglichkeiten der Betätigung noch ausgespart blieb. Sie werden nicht nur wegen ihrer zwischenmenschlichen Schwierigkeiten zum Einzelgänger und Eigenbrötler, sondern sie werden es auch, weil sie ihre isolierten sachlichen Interessen in kaum einzufühlender Weise, abgekapselt von anderen pflegen und keine Möglichkeit haben, die sachlichen Interessen anderer Kinder zu teilen.«[1]

Daß Annemarie Dührssen recht hat, wenn sie nicht nur die ererbten Anlagen, sondern zu einem hohen Teil auch einen Umwelteinfluß für diese Verhaltensstörungen verantwortlich macht, hat sich in den letzten Jahren durch zahlreiche Kaspar-Hauser-Versuche mit Tieren bestätigt. Auch die kleinen Affen bekommen einen ähnlichen Charakter und sehr ähnliche Stereotypien, wie wir sie eben bei jenen hospitalisierten Kindern beschrieben.

Es bedarf nun zunächst wieder einiger theoretischer Vorbemerkungen, die die Frage klären sollen, was für eine – jenen Kindern

1 A. Dührssen, Psychogene Erkrankungen bei Kindern und Jugendlichen. Göttingen 1960, 3. Aufl., S. 82.

und Tieren gemeinsame – Antriebsstörung in diesen Fällen vorliegen mag.

## *1. Über die Struktur der Mutter-Kind-Bindung*

Wir hatten festgestellt, daß es ein typisches Charakteristikum jener Kinder mit einem Hospitalschaden ist, daß sie nicht die Gegenstände mit ruhigem Interesse anzuschauen, zu erfassen und wiederzuerkennen vermögen. Später zeigt sich, daß die Kinder keine Bindung an andere Menschen haben und zudem ihre Aggressionen nicht steuern können. Das alles geschieht außerordentlich gehäuft dann, wenn ein Kind etwa vom dritten Lebensmonat bis zu seinem zehnten Lebensmonat nicht von derselben Pflegerin versorgt wird. An dieser Stelle des Berichtens drängt sich bei nachdenklichen Beobachtern immer wieder die Parallele zu einer von den Verhaltensforschern gemachten Entdeckung auf: die Nachfolgeprägung bei den jungen Nestflüchtern. Jene Vögel haben kurz nach ihrer Geburt eine Phase, in der sie den Pflegenden, der sie versorgt, erkennen. Das führt dazu, daß sie sich an diese Person »binden«, daß sie ihr nachfolgen, erwarten, von ihr versorgt zu werden, zu ihr schutzsuchend zurückfliehen, wenn sie sich bedroht fühlen. Ja, dieser Vorgang des Erkennens bewirkt gleichzeitig die Fähigkeit des individuellen Unterscheidens: Unter ähnlich aussehenden Artgenossen kann die kleine Ente die richtige Mutter wiedererkennen. Dieser Erwerbsvorgang einer Objektbeziehung – denn daß es sich um einen solchen handelt, kann man daran erkennen, daß man eine junge Ente in der sensiblen Phase für Nachfolgeprägung zum Beispiel auf den Menschen fehlprägen kann –, dieser Vorgang, seine Mutter zu erkennen, hat den biologischen Sinn, das Aufwachsen der noch unselbständigen Enten zu garantieren. Gleichzeitig erhöhen sich die Überlebenschancen eines solchen Tieres dadurch, daß es sich auch an einen anderen Brutpfleger zu binden vermag. Diese Nachfolgeprägung geschieht bei Tieren immer dann, wenn jene wahrnehmenden Sinnes-Rezeptoren zur Funktionsfähigkeit gereift sind, durch die das Erkennen erfolgt, bei den Vögeln vornehmlich die Seh- und Hörfunktionen. Bei den

Säugern treten dabei häufig die Geruchsfunktionen in den Vordergrund. In einem endogen vorbereiteten Entwicklungsstadium tritt ein Antrieb in Funktion, der darauf gerichtet ist, den Brutpfleger zu erkennen, um sich schutzsuchend an ihn binden zu können.

Viele Untersucher in den letzten Jahrzehnten bestätigen, daß das auch bei Säuglingen der Fall ist. Ich selbst erinnere mich noch sehr genau, wie sich dieser erste Lernschritt bei meinen eigenen Kindern vollzog. Etwa im Alter von sechs Wochen begannen sie zunehmend mehr, mich »ins Auge zu fassen«, wenn ich stillte, vor allem gegen Ende der Nahrungsaufnahme, wenn sie schon satter waren und der Impetus zu saugen nachließ. Dann eines Tages kam jener – für eine Mutter tiefbeglückende – Augenblick, daß die Kinder, typischerweise nach dem Stillen und aus diesem großäugigen Anschauen heraus, zum ersten Male lächelten. René Spitz schreibt:

»Lange bevor der Säugling sein Lieblingsspielzeug unter anderen heraussuchen oder auch wiedererkennen kann, ist er fähig, eine Auswahl unter Menschen zu treffen, Menschen wiederzuerkennen. Der erste solche Mensch ist begreiflicherweise die Mutter.«[2]

Interessanterweise schildern die Untersucher von hospitalisierten Kindern, daß diese Säuglinge weniger lächeln.

Es ist im Zusammenhang mit unserer Fragestellung wichtig, darauf hinzuweisen, daß bereits Schultz-Hencke diesen Vorgängen Antriebscharakter zumaß und dieses sog. intentionale Antriebserlebnis gleichwertig neben jene zum Teil schon geschilderten Antriebsbereiche stellte und beschrieb. Das war deswegen möglich und berechtigt, weil sich gezeigt hatte, daß Hemmungen in diesem Antriebsbereich ebenfalls zu neurotischen Fehlentwicklungen führen, die zwar spezielle, charakteristische Erscheinungsbilder zeigten – eben jene bereits erwähnten schizoiden Charakterzüge –, bei denen sich aber dennoch die gleichen Grundvorgänge nachweisen ließen wie bei den Störungen in anderen Antriebsbereichen.

Der Vergleich mit Störungen bei Jungtieren, die, wie der Mensch, zunächst auf Brutpflege angewiesen sind, macht es deutlich, daß es berechtigt ist, in diesem Zusammenhang von einem Antriebsgeschehen und Antriebsstörungen zu sprechen. Denn die Störungen dieses

2 R. Spitz, Vom Säugling zum Kleinkind. Stuttgart 1967.

Dranges vollziehen sich, wie ich noch ausführlich darlegen werde, nach den Gesetzen der Antriebsbehinderung, wie sie eingangs geschildert wurden.

Handelt es sich nun bei jenen primären Vorgängen, in denen dieser Antrieb sowohl bei Menschen als auch bei Jungtieren zum ersten Male in Erscheinung tritt, um eine Instinkthandlung?

Konrad Lorenz sagt über die Natur des Prägungsvorgangs zum Nachfolgen bei Jungvögeln:

»Bei sehr vielen auf den Artgenossen gerichteten instinktmäßigen Verhaltensweisen ist zwar die Motorik, nicht aber die Kenntnis des Objektes der Handlung angeboren ... Die auf den Artgenossen gemünzte, objektlos angeborene Verhaltensweise fixiert sich zu einer ganz bestimmten Zeit, in einem ganz bestimmten Entwicklungsstadium des Jungvogels an ein Objekt seiner Umgebung. Diese Festlegung des Objektes kann Hand in Hand mit dem motorischen Erwachen der Triebhandlung erfolgen, kann ihm aber auch Monate, selbst Jahre vorausgehen.«[3]

Dieser Prägungsvorgang zum Nachfolgen ist so kurz, so argumentiert Lorenz weiter, daß er mit einem Lernvorgang nicht gleichgesetzt werden kann. Das heißt also: Beim Entstehen der Nachfolgereaktion ist in den Vorgang einer Instinkthandlung ein blitzartiges Erkennen der richtigen Mutter eingeschaltet, das später nicht mehr umlernbar ist. Es wird ein Umweltbezug erworben, der in dem Augenblick, wo er erreicht ist, so starr wird wie ein unveränderbarer, angeborener Instinktmechanismus. Diese Art, seinen Brutpfleger zu erkennen, ist bei jungen Enten offenbar anders als bei menschlichen Säuglingen. Bei den Jungvögeln ist in das Instinktgeschehen ein sog. Prägungsvorgang eingeschaltet, beim Menschen scheint das Erkennen des Pflegers erst nach einer längeren Zeitspanne vollendet zu werden. Andererseits werden beide – Jungtier und Säugling – zunächst vermutlich endogen getrieben, nach dem Pfleger »auszuschauen« und ihn herbeizurufen. Nur in der Prägungsphase ruft der schrille Schrei des Jungen das Meerschweinchen herbei (nach Gray). Nach Ambrose hat auch das

3 K. Lorenz, Über tierisches und menschliches Verhalten, Bd. I. München 1971, 14. Auflage, S. 270.

Schreien des Säuglings die Funktion, die Mutter herbeizurufen. Lächeln sei ein Reiz, um bei der Mutter Zärtlichkeit und Körperkontakt mit dem Säugling auszulösen. Ja, auch die Forschungsergebnisse von Spitz sagen aus, daß bestimmte Merkmale, nämlich eine frontal anblickende Gestalt, an der Stirn- und Augenpartie sichtbar sind und die sich bewegt, als angeborener Auslösermechanismus wirken, um beim vier bis acht Wochen alten Säugling die Gebärde des Lächelns hervorzurufen. Ein solcher Anblick wirkt als Reiz, um die zielgerichtete Appetenz auszulösen, die Pflegerin anzuschauen. Bei Jungvögeln erfolgt die Bindung jetzt schlagartig durch jenen »Prägungsvorgang«. Beim Menschen muß die Handlung im Laufe der nächsten Wochen viele Male wiederholt werden. Dieses mühsame Einprägen beim Menschen hat zur Folge, daß er zwar nicht so starr und irreversibel festgelegt wird wie der Jungvogel, daß er also immer noch wieder umlernen kann, aber auch, daß sich durch die Verknüpfung mit positiven oder negativen Gefühlstönungen bei diesen Vorgängen des Kennenlernens größere Störungsmöglichkeiten ergeben. Wenn die Pflegerin in der Beziehung zu einem Säugling nicht spricht, nicht lächelt, nicht herzlich ist, nicht gleichzeitig als die gute Spendende, die Sattmachende erlebt wird, kann das Kind – nach der Theorie der Antriebslehre – das Anschauen, ja selbst das Lächeln angstvoll verdrängen und dadurch quasi verlernen. Es kann aber auch der Fall eintreten, daß durch die große Zahl und Verschiedenheit der Pflegerinnen ein echtes Erkennen gar nicht zustande kommt. Wir wissen das deswegen so genau, weil solch eine schizoide Fehlhaltung mit dem Unvermögen, sich etwas genau und interessiert anzuschauen, um so häufiger ist, je länger ein Säugling in einem Heim war. Bei Mutterkindern, die diese Schau-, Unterscheidungs- und Orientierungsstörungen haben, kann man in der Psychotherapie meist ein schwer angstbesetztes Mutterbild finden, das in den Träumen häufig als verfolgende Kuh auftritt, so schreckerregend, daß einem davor wohl das »Hören und Sehen« und vielleicht auch das Lächeln vergehen kann[4].

Übereinstimmend weisen die Untersucher, die sich mit Hospital-

4 Dabei können diese Frauen in Wirklichkeit außerordentlich bemühte Mütter sein: Die angeborene Sensibilität des Kindes kann evtl. bereits orale Frustrationen nicht ertragen haben und so zu einer frühen intentio-

schäden bei Kindern befaßt haben, darauf hin, daß die Prozesse des ersten Kennen- und Unterscheidenlernens auch beim Menschen nur in einer begrenzten Zeitspanne erfolgen. Gray nennt sie direkt die »Prägungsperiode« und meint, daß sie gegen Ende der Säuglingszeit mit der sog. Furchtperiode, in der das Kind zu fremdeln beginnt, ihren Ausklang findet. Eine ähnliche Einteilung in Stadien der Mutter-Kind-Verhältnisse macht auch Harlow nach seinen Untersuchungen mit Rhesusaffen. Nach den ersten fünfzehn bis zwanzig Tagen treten die Jungtiere in das sog. Stadium des Beschütztseins ein. In dieser Phase bekommt das Junge alles zu seinem Wohlbefinden und wird vor Gefahr geschützt. Daran schließt sich das Stadium der Sicherheit. In dieser Phase untersucht das Junge auch angsterregende Objekte. Es kann das, weil es durch die Mutter hinreichend gesichert ist. Erst danach kommt es – im sog. Trennungsstadium – zur Loslösung des Affenkindes von seiner Mutter. Eine ähnliche Periodeneinteilung unternimmt auch Gray in bezug auf den menschlichen Säugling.

Wir hatten bisher lediglich herausgestellt, daß bei Tieren und Kindern mit intentionalen Antriebsstörungen eine Behinderung der Vorgänge stattgefunden hat, ihren ersten Pfleger kennenzulernen. Diese Behinderung nun macht offenbar nur einen Teil der Störung aus, denn die Handlung, die durch das Kennenlernen ausgelöst und immer wieder neu in der frühen Kindheit vollzogen wird, ist ja das Nachfolgen, das Nachahmen, das Zulaufen und Schutzsuchen, wenn Gefahr droht.

Das intentionale Antriebsgeschehen besteht anscheinend aus diesen zwei Komponenten, eine Tatsache, die sich auch beim Menschen immer wieder dadurch verifizieren läßt, daß Kinder, die nicht von einer warm-auffordernden Pflegerin versorgt wurden, später erhebliche Schwierigkeiten haben, sich – wie René Spitz sagt – »liebend an eine bestimmte Person zu binden«. So ein Kind hat eine Behinderung seines frühen Antriebs erfahren, sich mit einer Mutter zu identifizieren, sie nachzuahmen, ihr nachzufolgen. Unter der Voraussetzung, daß wir bei Jungtieren und Menschen unter-

nalen Störung führen. Es wäre denkbar, daß solche Vorgänge auch bei der Entstehung des frühkindlichen Autismus mit im Spiele sind.

scheiden, daß die Art des Kennenlernens von Mutter und Kind verschieden ist, läßt sich dennoch behaupten, daß die Struktur des intentionalen Antriebsgeschehens bei Ente und Mensch gleich ist. Die Gleichartigkeit der Störungserscheinungen, auf die gleich noch ausführlich eingegangen wird, sind in der Lage, diese Behauptung zu verifizieren. Die Antriebsbehinderung des Ansehens und Hinstrebens zur Mutter vollzieht sich beim Menschen – wie die Antriebslehre vermutet – zwar mehr dadurch, daß der Säugling sich angstvoll »vor der Welt verschließt«. Trotzdem findet auf diese Weise eine Antriebsbehinderung statt, die vergleichbar ist mit Antriebsbehinderungen bei Jungtieren, denen man die Möglichkeit nimmt, ihren Brutpfleger kennenzulernen und sich an ihn zu binden. Solche Kaspar-Hauser-Versuche sind an verschiedenen Tieren bereits durchgeführt worden.

Wir wollen versuchen zusammenzufassen, was wir über die Struktur der Mutter-Kind-Bindung in Erfahrung bringen konnten.

1. Auch die Instinkthandlung des Nachfolgens hat anscheinend zwei Akte in einer ähnlichen Weise, wie wir das bereits beim Antrieb zur Nahrungsaufnahme beschrieben. Wir können hier zwar nicht nachweisen, daß die Voraussetzung zum auslösenden Antriebsgeschehen ein endogener Reizzustand ist wie beim Hunger, aber wir dürfen das annehmen, weil auch hier ein dranghaftes Suchen und sich Bemerkbarmachen einsetzt. Es hat den Sinn, den Pfleger zu finden oder herbeizurufen. Sein Erscheinen löst die gezielte Antriebsfunktion des Ins-Auge-Fassens, des Anstarrens, des Nachfolgens und Nachahmens aus. Die Antriebsentspannung – so wollen wir vermuten – kommt durch diese Handlungen und durch den Schutz, den Tier- und Menschenkinder erfahren, zustande.

2. Die Antriebsfunktion in diesem Antriebsgeschehen hat also zwei Seiten: das Intendieren, Erkennen und Unterscheiden einerseits, das Nachahmen, Sich-Binden und Identifizieren andererseits[5].

5 Interessanterweise weist Ploog 1964 darauf hin, daß alle Tierarten, bei denen Prägungsvorgänge in der Kindheit stattfinden, durch die Fähigkeit gekennzeichnet sind, Artgenossen individuell zu unterscheiden, eine Tatsache, die den Zusammenhang von Prägungsvorgängen und der Fähigkeit des Unterscheidenkönnens deutlich macht.

3. Das Antriebsziel heißt Schutzsuche durch die Tätigkeit des Nachahmens oder – bei Tieren – des Nachfolgens.

4. Das Antriebsobjekt ist die Mutter oder jenes Lebewesen, das die Aufgabe der Brutpflege übernommen hat.

5. Antriebsstörungen entstehen – genau wie beim Antrieb zur Nahrungsaufnahme – dann, wenn das Antriebsziel nicht erreicht wird, d. h. wenn der mütterliche Schutz nicht gefunden und jene antriebsverzehrenden Handlungen des Suchens, Nachahmens, Anklammerns, Ankuschelns und Sich-Identifizierens dabei nicht vollzogen werden konnten[6].

Solche Störungen können infolgedessen entweder auftreten,
a) wenn die immer gleiche Pflegeperson fehlt. Sie kann aber auch vorhanden sein und dennoch Schädigungen dieser Art bewirken, indem sie
b) das Tätigen der Funktion hindert. Das kann geschehen, wenn sie entweder kalt und abweisend ist oder den Säugling auch in der zweiten Hälfte des ersten Lebensjahres unentwegt allein in seinem Körbchen liegen läßt. Es kann aber
c) auch zu Schädigungen dieser Art kommen, wenn die Pflegerin das Kind übersteigert mit Zärtlichkeit überschüttet und das Kind in einer unverdaubaren Fülle mit Stimulation erdrückt. In solchen Fällen treten niemals Antriebsentspannung bzw. Befriedigungserlebnisse ein. Das Antriebsziel wird nicht erreicht, der Antrieb staut sich, so daß es zu übersteigerten Antriebsspannungen, Ersatzhandlungen und Chronifizierungen kommt.

6. Das Antriebsziel des Nachahmens und Nachfolgens erfolgt bei Vögeln durch einen Prägungsvorgang: beim Menschen und bei höheren Tieren erfolgt die Bindung durch einen Lernvorgang. Dennoch haben diese Vorgänge noch eine spezielle Gemeinsamkeit: Sie sind – wie Lorenz sagt – an scharf umgrenzte Entwicklungszustände gebunden, d. h. an eine sensible Phase, die bald nach der Geburt liegt. Bei Tieren dauert sie oft nur Stunden. Die Forscher, die sich

6 Auch die Reifung sensorischer Mechanismen bedarf wie die Antriebsfunktion einer Tätigkeit, um nicht zu atrophieren. Melzack und Scott (1957) haben das in bezug auf die Sehfunktion untersucht. Sie zogen verschiedene Tiere im Dunkeln auf mit dem Ergebnis, daß sich Schädigungen der Retina einstellten.

mit der Entwicklung von Säuglingen beschäftigen, meinen, daß sie mehrere Monate umfaßt. Man nimmt an, daß diese sensible Phase beim Menschen etwa sechs Wochen nach der Geburt beginnt und sechs Monate nach seiner Geburt endet.

Im folgenden Abschnitt soll geprüft werden, ob sich jene Fehlverhaltensweisen von Jungtieren, die daran gehindert wurden, Nachfolgereaktionen auszubilden, identisch sind mit jenen Störungen, die sich bei hospitalisierten Kindern zeigen.

## 2. *Störungsformen des intentionalen Antriebs*

Vergleichsmöglichkeiten mit intentional gestörten Kindern, vor allem an Hospitalschäden leidenden, ergaben sich bei den Affenversuchen Harlows in Amerika. Er hat herausgefunden, daß Affen lebenslängliche Schäden und Verhaltensstörungen davontragen, wenn sie zwischen ihrem ersten und fünften Lebensmonat über längere Zeit isoliert aufgezogen werden. Harlow machte vielerlei unterschiedliche Versuche, die ihn zu diesen Ergebnissen führten. Er zog Affen mit Mutterattrappen auf, die teils aus Draht, teils aus Fell waren, isolierte die jungen Affen in verschiedenen Phasen und in verschiedener Dauer während ihrer Kindheit. Je länger die Isolierung fortdauerte und je vollständiger sie war, desto intensiver entwickelten die Rhesusaffen abnorme Verhaltensweisen. In einem zusammenfassenden Referat berichtet Schmalohr darüber:

»Eins dieser Reaktionsmuster besteht darin, daß die armen Affenwaisen Köpfe und Körper mit Armen und Beinen umfassen und vor- und rückwärts schaukeln. Ein anderes abweichendes Muster besteht im ruhelosen Hin- und Hergehen. Mit zunehmender Dauer der Isolierung ließen sich aggressive Regungen beobachten, die sich fortlaufend in Stärke und Häufigkeit steigerten. Nach drei oder vier Jahren – mit erreichter Erwachsenheit – wenden die Affen sich schließlich gegen sich selbst. Sie kauen an ihren Händen, Armen, Füßen und Beinen, manchmal bis ins Fleisch hinein.«[7]

7 E. Schmalohr, Folgen früher sozialer Isolierung bei Mensch und Tier. In: Z. Praxis Kinderpsychologie. 7 (1966), S. 246–251.

Ein weiteres abnormes Muster ist, wie Harlow sagt, schizophrenieähnlich, wobei die Affen dasitzen und ins Leere starren und anderen Affen kaum Aufmerksamkeit schenken.

»Affen, die von Geburt an sechs Lebensmonate isoliert waren, haben tiefe und langdauernde Schwierigkeiten. Sie sind völlig unfähig, sich an gleichaltrige isoliert oder mit ihren Müttern aufgezogene Tiere anzupassen. In geschlechtlicher Hinsicht sind die Männchen impotent und die Weibchen paarungsunfähig, obschon es keine Anzeichen dafür gibt, daß die körperliche sexuelle Reife bei ihnen nicht zum normalen Zeitpunkt eingetreten ist. Die Tiere sind schließlich so hilflos, daß sie unter gleichaltrigen normalen Affen getötet würden. Dabei verkümmern nicht nur jede Gemeinschaftsfähigkeit und Geselligkeit, sondern bei den Tieren sind auch die primitiven Neugierreaktionen, wie das Hantieren mit Objekten und Spielsachen, ausgelöscht.«[8]

Eine kleine Ente, der man die Möglichkeit nimmt, auf einen Brutpfleger geprägt zu werden, verstärkt, selbst wenn sie satt ist, ihr Piepen, mit dem sie die Mutter herbeiruft. Auch beim Säugling kennen wir diese andere Art des Schreiens, die offenbar nicht darauf aus ist, satt gemacht zu werden. Vor allem gegen Ende des sog. »dummen Vierteljahres« erleben wir, daß ein Säugling, meist von den Nachmittagsstunden ausgehend, ein neugieriges Intendieren zeigt, weniger schläft und schreiend nach »Familienanschluß« heischt. Dieses andere Schreien, dieses Schreien mit der Aufforderung: »Komm zu mir, beschäftige dich mit mir, zeig mir, wie du aussiehst und wie die Welt ist« – dieses Schreien trägt den Charakter einer *erhöhten Antriebsspannung.* Sie bleibt, genau wie bei der oralen Spannung, erhalten, wenn die entsprechenden Antriebsentspannungen und Befriedigungserlebnisse am Primärobjekt, der Mutter, nicht vollzogen werden. Bei Tieren läßt sich das im Versuch nachweisen: Helga Fischer, eine Mitarbeiterin von Konrad Lorenz im Max-Planck-Institut in Seewiesen, hat versucht, Gänse im Kaspar-Hauser-Versuch aufzuziehen, d. h. die Gänse wurden derart isoliert gehalten, daß sie keine Möglichkeit hatten, eine sog. Nachfolgeprägung zu entwickeln, wie es normalerweise wenige

8 Ebenda, S. 246–251.

Stunden nach dem Schlüpfen der Gänseküken als ein Vorgang des Erkennens und Wiedererkennens der Pflegerin geschieht. Ein großer Teil der jungen Gänse ging bei diesen Experimenten ein. Interessanterweise hatten die überlebenden Waisen nun nicht nur ein struppiges, unansehnliches und oft krankes Federkleid – als man sie im Erwachsenenalter den freilebenden Gänsen im Versuchssee zugesellte, fielen sie durch *eine* Eigenschaft besonders auf: durch Taktlosigkeit, durch ein inadäquates, unangepaßtes Verhalten, das sie rasch zu schwarzen Schafen in ihrer Sozietät werden ließ. Am aufschlußreichsten erscheint es in diesem Zusammenhang, daß die Tierverhaltensforscher zu dieser Bezeichnung des Fehlverhaltens der Gänse kamen, ohne zu wissen, daß der Begriff Taktlosigkeit in der Antriebslehre ein typisches Kennzeichen intentionaler Gehemmtheit ist. Wie oft erleben wir die aufdringliche Taktlosigkeit, das distanzlose Sich-Aufdrängen, das übersteigerte Zulaufen bei jenen Kindern, denen es in der Säuglingszeit versagt war, eine Mutter zu haben, die sie umfriedete und ihnen Schutz bot! Viele Forscher haben das unabhängig von der Schultz-Hencke-Schule bestätigt. Für das Tierreich berichtet Harlow, daß Affen, die ohne Mutter aufwuchsen, auch später überall Anklammerungsversuche machen, während die Affen mit einer gesunden Mutter-Kind-Beziehung davon lassen, wenn sie selbständig geworden sind. So gehen auch die kleinen Heimkinder mit jedem mit, laufen zu, wo sie nur einen Menschen wittern, der sich mit ihnen beschäftigen könnte. Dieses Zulaufen trägt den Charakter eines übersteigerten Suchverhaltens. In Verbindung mit Sittlichkeitsdelikten erleben wir immer wieder, daß die Kinder, die den Männern zum Opfer fielen, Kinder mit einer übersteigerten Spannung des intentionalen Antriebs waren. Diesen Kindern fehlt nicht nur die Fähigkeit, zwischen bekannt und unbekannt zu unterscheiden, nein, zusätzlich ist durch die erhöhte Antriebsspannung auch die Wahlmöglichkeit generell eingeschränkt[9].

9 An dieser Stelle wird es deutlich, daß es unnötig und auch fragwürdig ist, kleinen Kindern vor den »Mitschnackern« Angst zu machen und sie vor solchen Menschen zu warnen. Viel notwendiger wäre es, die Kinder so zu erziehen, daß sie keine intentionalen Antriebsstörungen haben und statt dessen eine gute Bindungsfähigkeit erwerben.

Wir müssen in diesem Zusammenhang noch einmal betonen: Der Antrieb, mit der Mutter bekannt zu werden, hat ja einen schon bei den Enten sehr sichtbar werdenden Sinn: Er ist die Voraussetzung dafür, daß das Kind – wenn es seine ersten Schritte in die Welt hinein tut – zu ihr zurückfliehen, bei ihr Schutz suchen kann, solange seine eigenen Kräfte noch nicht groß genug sind. Dieses Gefühl des Geborgen-, des Umhaustseins fehlt daher allen Kindern mit einer solchen Störung, und es ist nur konsequent, daß sie in extremen Fällen gekennzeichnet sind durch eine Verhaltensweise, die suchtartig nach Geborgenheit sucht. Da aber diesen Kindern die Voraussetzung dazu, Behausung beschaulich und dankbar zu genießen, fehlt, da sie keine Möglichkeit haben, sich zu binden, nützt es ihnen später nichts, wenn man ihnen noch so schöne Heime baut. Aus dieser Sicht auch wird es verständlich, warum es nicht gelingt, die Streuner, die Vagabunden zu verwurzeln. »Gemüt«-lichkeit bleibt ihnen leer, weil sie nicht die Fähigkeit erworben haben, sie zu genießen, so daß sie sehnsüchtig-einsame Wanderer werden, auf der Suche nach der Mutter, die sie birgt.

Wenn den kleinen Enten in der Prägungsphase kein Artgenosse zur Verfügung steht, binden sie sich an den pflegenden Menschen. Auch die leibliche Mutter ist für den Säugling jenseits des ersten Vierteljahres ersetzbar, wenn diese Ersatzperson nur dem Kind die Möglichkeit bietet, an ihr, an der Einen, das Bekanntwerden zu vollziehen, indem immer dieselbe Person sich mit dem Kind beschäftigt. Bis zum achten Lebensmonat, so meint auch Ploog, nehmen Säuglinge jeden als Mutter an, der die entsprechende Pflegefunktion erfüllt. Erst dann unterscheiden sie die Mutter unverwechselbar und fremdeln Unbekannten gegenüber. Meiner Erfahrung nach sind Kinder, die in dieser »Furchtperiode« von den Müttern getrennt werden, besonders gefährdet, mutistisch zu werden, da sie ihre Vokalisation als Angstreaktion auf die fremde Umgebung einstellen können.

Vor einigen Wochen wurde mir ein siebenjähriger Junge vorgestellt, der im Alter von acht Monaten für fünf weitere Monate in ein Krankenhaus eingeliefert worden war, weil er einen Abszeß am Steißbein hatte. Nach Angaben der Eltern hatte das Kind dort eine Lungenentzündung und Rippenfellvereiterung hinzubekommen.

Das Kind mußte, als es sechs Jahre alt war, vom Schulbesuch zurückgestellt werden, da es extrem sprachscheu war, außerdem litt es an Bettnässen, permanentem Daumenlutschen und Nägelkauen.

Es scheint für die gesunde Entwicklung des Menschen wesentlich zu sein, daß auch bis weit in das zweite Lebensjahr hinein dieselbe Pflegeperson dem Kind erhalten bleibt. Daß kleine Kinder, die in dieser Zeit ihre gewohnte Umgebung und die Person verlieren, die sie bisher versorgte, mit schweren Angstsymptomen, vor allem mit Verstummen oder mit körperlichen Erkrankungen reagieren, zeigt sich häufig in der Vorgeschichte neurotischer Kinder.

Was geschieht mit Tieren, die auf eine Mutter geprägt sind und die man noch innerhalb dieser ihrer Abhängigkeitszeit zu einer gleichartigen Pflegemutter versetzt? Die Bindung an die Ersatzmutter ist keineswegs in dem Maße vorhanden wie an jene, auf die das Tier geprägt ist. Reaktionen des Zufluchtsuchens bei der Ersatzmutter sind unsicher. Ein sehnsuchtsvolles Auf-die-Suche-Gehen nach dem eigentlichen Herrn ist uns auch von Haustieren, wie Hunden und Katzen, die man in eine fremde Umgebung versetzte, durchaus bekannt. Meyer-Holzapfel berichtet davon, wie schwer es ist, von Menschen aufgezogene Bären auszusetzen, auch wenn sie bereits selbständig fressen und die Nahrung selbst aufsuchen können. Die Bindung an ihr gewohntes Heim und an ihren Pfleger ist so stark, daß sie verzweifelt den Rückweg suchen und auch auf einige Meilen Entfernung finden.

Von dieser Warte aus erscheint es bedenklich, wenn junge Mütter ihre Kinder während der Säuglings- und Kleinkinderzeit bei den Großmüttern oder Pflegemüttern abgeben, während sie selbst die Kinder selten sehen. Es bedeutet später für solche Kinder häufig einen Bruch in ihrer Entwicklung, wenn sie dann etwa im Schulalter in den Haushalt der Mutter umsiedeln. Solange das Kind noch nicht »flügge« ist, also bis zur Pubertät, bleibt es in solchen Fällen meist an die erste Pflegerin gebunden. Dazu ein Beispiel:

Ein zwölfjähriges Mädchen lief unmotiviert, zunächst wie ziellos, von ihrer Mutter fort, landete schließlich aber bei der Großmutter, die in einem anderen Ort wohnte. Die Großmutter hatte das Mädchen bis zu seinem siebenten Lebensjahr aufgezogen.

Stehen den Kindern keine Ersatzpersonen zur Absättigung ihres Dranges, bekannt zu werden und Schutz zu suchen, zur Verfügung, verstärkt sich in ihnen dieser Drang, und sie versuchen, an Sachobjekten Ventile zu finden. Diesen Sinn haben Stoff- und Felltiere, die man den Kleinkindern ins Bettchen legt – in einer ähnlichen Weise wie die Frotteeattrappe jener Kaspar-Hauser-Affen, von denen Harlow berichtet. Die Affenbabys mit solchen »Ersatzmüttern« erwerben aber einige Eigenschaften nicht, die typischerweise mimischer oder sozialer Natur sind. Sie haben ein undifferenzierteres Mienenspiel, können z. B. nicht drohen, wie die Kontrolltiere mit leiblichen Müttern, sie sind unbeholfener im Errichten und Einhalten von Spielregeln, beim Toben und Fangspielen und dem Erkennen bestimmter sozialer Situationen.

Heimkinder zeichnen sich durch die gleichen Schwierigkeiten aus. Überdies haben sie meist ein übersteigertes Zärtlichkeitsbedürfnis. Ein Heimkind band während der Spieltherapie der Kuh im Scenotest das Fell um den Bauch und steckte eine kleine Jungenfigur hinein! Kinder, die eine intentionale Antriebsstörung haben, zeigen häufig so eine betonte Vorliebe für alles Weiche. Der Antrieb nach bergender Zärtlichkeit bricht durch und nimmt sich zum Lieben, was sich ihm gerade in den Weg stellt. Es sind besonders die Heimkinder, die den fremden Therapeuten stürmisch umarmen und zu küssen suchen.

Ich habe einmal ein Kind betreut, das von seinem ersten bis zu seinem zweiten Geburtstag in einem Tuberkulose-Sanatorium war. Dieses Mädchen strich mit allen Tüchern, mit Fellen und Kissen, derer es habhaft werden konnte, über sein Gesicht und vergrub es darin.

Werden *Ersatzbefriedigungen an Objekten* nicht gefunden, so gehen solche Kinder nach jener uns schon bekannten Gesetzlichkeit dazu über, bei sich selbst Schutz zu suchen. Wie die kleinen Affen neigen diese Kinder dazu, ihre Arme um ihren Kopf zu schlingen und die Augen dahinter zu verbergen. Sie kraulen und kratzen mehr an sich herum. Harlow hat oft geschildert, wie die isolierten Affen sich das Fell zerkratzen und zerbeißen, oft an die hundertmal am Tage, bis es blutig war. Ähnliches können wir auch von Kindern berichten.

Ein spezifischer Versuch, den gestörten intentionalen Antrieb zu beschwichtigen, ist beim Kind das Lockendrehen und das Haarausreißen. Denn selten reißen sie nur; sie pflegen die Haare um den Finger zu wickeln und damit daumenlutschend über die Nase zu reiben. Typischerweise treten solche Symptome meist erst dann in Erscheinung, wenn die Mutter über Monate den Kontakt zu ihrem kleinen Kind nicht hinreichend gepflegt hat.

Ich habe einmal eine Mutter beraten, deren achtzehn Monate altes Kind exzessiv seine blonden Locken ausriß und nach langen Reibeprozeduren schließlich sogar verzehrte. Die Mutter war berufstätig und ließ ihr Kind über Stunden am Tage allein. Es gelang mir, die Mutter davon zu überzeugen, daß sie ihre Tätigkeit vorübergehend einstellen und sich viel mit ihrem Kind beschäftigen müsse. Mittlerweile ist der Junge ein frisches, aufgewecktes und symptomloses Schulkind geworden.

Genauso wie bei den Kaspar-Hauser-Affen treten bei Kindern, deren intentionaler Antrieb sich nicht entfalten kann, *Übersprunghandlungen* auf. Dabei werden in erster Linie jene Handlungen gewählt, die zur Beschwichtigung bereits bekannt sind, die aber eigentlich in die Ersatzbefriedigungen oraler Bedürfnisse gehören: das Daumenlutschen und die Jactationen. Jactationen sind bei älteren Säuglingen keineswegs allein ein Zeichen dafür, daß der orale Antrieb sich staut. Auch die »mangelnde Aufforderung zur Welt« bewirkt dieses Symptom. Dabei ist es in der Parallele zu den allein großgewordenen Affenkindern interessant, daß diese Kinder häufig beim Schaukeln vor sich hin singen und lallen. Daß die kleinen Affen ebenfalls solche Stereotypien haben, wenn sie mutterlos aufwachsen, hörten wir schon. Aber auch sie vokalisieren stärker, wie Menzel beschreibt. Das ist ein interessantes Phänomen, scheint es doch so, als ob bei jenen Kindern und Affen, denen die Ansprache fehlt, dieses Sich-Äußern im Leerlauf durchbricht, ja vermutlich dadurch zur Stereotypie wird, daß das Hören der eigenen Laute zum Teil den gesuchten Reiz ersetzen kann. Ebenso ist es mit dem Lutschen. Auch das Lutschen ist nicht unbedingt ein Symptom dafür, daß orale Antriebsspannung überschießend erhalten geblieben ist. Es kann auch ein Beschwichtigungssymptom sein für den frustrierten intentionalen Antrieb.

Mit der wachsenden Möglichkeit, die Hände und Arme zu tätigen, kommt es bei mangelhaft aufgeforderten oder vernachlässigten Kindern auch zu Manipulationen am Geschlechtsteil. Aus diesem Blickpunkt heraus wird es einsichtig, warum so viele Heimkinder – Jungen wie Mädchen – von frühester Kindheit an onanieren. Sie haben keinen gesteigerten Geschlechtstrieb, sondern sie suchen durch die Manipulation ein Ventil für die Spannung des intentionalen Antriebs, der nicht sein adäquates Antriebsobjekt hat finden können: die Mutter.

Abgesehen von den *Leerlaufhandlungen* des Sich-selbst-Umschlingens und der triebhaft-taktlos übersteigerten Neugierhaltung, die auch bei Tieren beschrieben worden ist, kennen wir Leerlaufhandlungen des intentionalen Antriebs beim Menschen vor allem im Weglaufen, das letztlich den Charakter des Zulaufens hat. Es ist kein Zufall, daß es immer wieder gröblich unverwahrte Kinder sind, die von der Polizei in den Häfen wieder eingefangen werden, wo sie vergeblich versuchten, sich auf einem Schiff anzuheuern. Der intentional Gestörte sucht im Grunde nicht das wilde Abenteuer, wie er meint, er sucht in dem sanft schlingernden Schiffsleib die Geborgenheit der Mutter, die ihm versagt war. Der fernwehkranke Matrose ist im Grunde heimwehkrank, denn er ist von einem Gefühl sehnsuchtsschwerer Heimatlosigkeit erfüllt.

Es soll nicht vergessen werden, noch auf eine besonders tragische Folgeerscheinung von solchen Antriebsstörungen hinzuweisen. Kinder, die durch einen Mangel an Stimulation oder durch übersteigerte Stimulation eine solche Antriebsstörung erworben haben, leiden an der *Funktionsschwäche des Erkennens und Unterscheidens.* Sie bleiben dümmer als ihre Artgenossen, die eine Mutter hatten, die während ihrer späteren Säuglingszeit maßvoll mit ihnen »herumpütscherte«. Das ist beim Menschen gleichermaßen der Fall wie bei Jungtieren, deren Prägungsphase scheiterte. Auch die Kaspar-Hauser-Affen und die Kaspar-Hauser-Enten bleiben »dümmer« als ihre Artgenossen.

Es muß an dieser Stelle ausdrücklich betont werden, daß aus diesen Beobachtungen keineswegs der Schluß gezogen werden kann, daß Intelligenz auf diese Weise entsteht. Die Intelligenzkapazität ist offensichtlich abhängig von der im Erbgut festgelegten Hirnstruktur. Ob aber Tiere und Menschen das artspezifische und individuelle Optimum ihrer intellektuellen Möglichkeiten erreichen können, ja ob die Möglichkeit zur Entfaltung von Lernvorgängen überhaupt gelingt, hängt weitgehend von jenen primären Vorgängen des Erkennens und Unterscheidens ab. Thompson ließ einen Scotchterrier isoliert aufwachsen. Er erwies sich als kaum lernfähig. Interessante Untersuchungen zu dieser Frage führten Skodak und Skeels durch. Sie prüften Kinder, die in ihrer ersten Lebenszeit adoptiert worden waren, auf ihr Intelligenzniveau. Es zeigte sich, daß diese Kinder ein geistiges Niveau erreichten, das gleich oder über dem Durchschnitt der Gesamtpopulation lag, und das, obgleich die natürlichen Eltern dieser Kinder ein bekannt niedriges Intelligenz- und Sozialniveau hatten. Das allgemein niedrige intellektuelle Niveau von Kindern, die ihre ersten beiden Lebensjahre in Heimen verbrachten, haben außer Bowlby, Spitz und Dührssen Dennis, Goldfarb und Gesell zum Teil mit statistischem Zahlenmaterial belegt[10].

Wir können diesen Hinweis auf die Ursachen des Pseudoschwachsinns nicht abschließen, ohne auf das traurige Scheitern dieser Kinder in der Schule hinzuweisen. Das liegt heute zusätzlich daran, daß in der Ganzwortmethode ein Vorgang der Überstimulation gegeben ist, der Kinder mit oralen und intentionalen Antriebsstörungen selten gewachsen sind. Diese Methode stellt für sie eine Überforderung dar, an der sie meist hoffnungslos scheitern, so daß sie zu sog. Legasthenikern werden. Oft bleiben sie Analphabeten bis zum Schulabschluß. 45–50% der Kinder bringen es heute in Niedersachsen und Schleswig-Holstein nicht mehr zu einem Abschluß in der Volksschule! Kinder, die in ihrer Säuglings- und Kleinkinderzeit nicht die Gelegenheit hatten, an dem einen immer

10 Ich wurde neulich im Unterricht von Krankenschwestern gefragt, ob das Faktum der Unehelichkeit eines Kindes Schwachsinn bewirke. Als ich verblüfft fragte, wie die Schwester zu dieser abstrusen Vorstellung käme, ergab sich, daß sie jahrelang in einem Heim gearbeitet hatte, das vor allem uneheliche Säuglinge und Kleinkinder aufzog. Der Pseudoschwachsinn dieser Kinder, der sich im Grundschulalter herausgestellt hatte, hatte bei den Pflegerinnen zu dieser Fehlmeinung geführt. Leider besitzen solche Pflegerinnen in den seltensten Fällen Kenntnisse darüber, wie man Pseudoschwachsinn vermeiden kann.

wiederholten Grundmuster die Fähigkeit zum Unterscheiden, Erwerben, Anpacken und Sich-Anstrengen zu lernen, bleiben bei der Ganzwortmethode fast alle auf der Strecke. Mit Hilfe der synthetischen Lesemethode ist es ihnen hingegen noch gelegentlich möglich, durch nachahmendes Schreiben weniger, immer gleicher Symbole teilweise noch ein nachholendes Ausfüllen ihrer Lücken zu vollziehen. Dadurch aber, daß sie in der Ganzwortmethode die Einzelheiten aus einem Ganzen herausfinden, erschauen und neu zusammensetzen sollen, stehen diese Kinder vor einem für sie unlösbaren Problem. Es ist in einer grausamen Weise unverantwortlich, die Ganzwortmethode nicht sofort rigoros verschwinden zu lassen, nachdem man wissenschaftlich festgestellt hat, daß sie für die »Dummen« die schwerere Methode ist. Denn da aufgrund der Zunahme früher Antriebsstörungen die »Dummen« mächtig anwachsen, verderben wir durch falsche Methoden einer großen Schar von Kindern sekundär die Möglichkeit, noch leistungsfähig zu werden. Wenn aber solche Kinder erst einmal mutlos, stumm oder aggressiv in den Schulbänken hocken, ist es gänzlich illusorisch, nach einer strengeren Disziplin, nach einem veränderten Schulsystem und nach Chancengleichheit zu rufen! Nur wenn es uns gelänge, auf die Ursachen der Störungen einzugehen, könnte heute eine vernünftige Schulreform und Schulpolitik möglich werden.

### *3. Unterschiede des intentionalen Antriebsschicksals im Lebensaufbau von Menschen und Tieren*

Wenn eine junge Ente Gelegenheit bekommt, sich ihren Pfleger anzuschauen, so erwirbt sie dadurch die Fähigkeit, ihm bis zu ihrem Flüggesein nachzufolgen, sich an ihn zu binden, ihn von anderen Pflegern zu unterscheiden. In dem Augenblick, wo sie erwachsen ist, erlischt diese Funktion. Der Mensch hingegen hat durch das Tätigen dieses seines intentionalen Antriebs eine Reihe von Funktionen erworben, die – wenn die Mutter ihre Aufgabe erfüllt und dem Kind die nötigen Befriedigungserlebnisse verschafft hat – auf andere, erweiterte Antriebsobjekte angewandt werden können. Das Hinschauen, Beobachten und Sich-Interessieren wird zu einem generellen Lernantrieb, der es dem Menschen möglich macht, Freude daran zu haben, die Dinge seiner Umwelt zu erkennen, zu untersuchen, zu unterscheiden und einzuordnen. Aber weit darüber hinaus wächst dem Menschen die Fähigkeit zur Nachahmung, zur Einsicht, ja zur Einfühlung durch das erste anschauende, nachahmungsbereite, körpernahe Identifizieren mit der Mutter zu. Diese Identifikation mit einer Schenkenden – denn wenn die Mutter nicht opferbereit ist, kommt die Identifikation ja nicht zustande – bewirkt, daß auch das Kind ein schenkender Mensch zu werden vermag, d. h., daß es bereit werden kann, auf eigene Triebwünsche zu verzichten, um den Menschen zu erfreuen, von dem es sich geliebt weiß.

An dieser Stelle wird auch ersichtlich, warum Heimkinder meist aggressiv sind, warum sie sich in einer für die Umwelt gefährlichen Weise nicht steuern können: Sie haben es zwar früh gelernt, sich durchsetzen zu müssen, aber sie haben nicht die Funktion erworben, den Eltern zuliebe eine Grenze zu wahren, zu sein wie sie.

Wenn man über eine längere Zeit Kinder mit Hilfe des Rorschachverfahrens untersucht, wird deutlich, daß die Gewissensfunktion keineswegs eine Angelegenheit ist, die – wie Freud meinte – aus der Angst vor den Eltern, die einen heimlichen Triebwunsch ahnden könnten, entsteht, noch daß sie eine Angelegenheit mosaischer Gesetzestafeln, d. h. einer tradierten Moral ist. Die Gewissensfunktion erwächst dem Kind in der frühen Kindheit dann, wenn es die Gnade erlebt, sich mit seiner Beziehungsperson identifizieren zu können. Mit Hilfe der Bewegungsantworten im Rorschachtest läßt sich das beweisen. In diesem Untersuchungsverfahren wird der Proband aufgefordert, zu zehn verschiedenen, zum Teil schwarzen, zum Teil farbigen undifferenzierten Klecksbildern sich Bilddeutungen einfallen zu lassen. Es gibt nun eine Kategorie von Antworten, die sog. Bewegungsantworten, die erkennen lassen, daß der Proband sich mit dem als bewegt erlebten Bild identifiziert hat. Diese Bewegungsantworten sind im Rorschachverfahren signifikant für die Fähigkeit, Affekte zu steuern, Lernvorgänge zu vollziehen und Phantasie zu haben. Interessanterweise haben die eben geschilderten intentional gestörten Heimkinder sehr selten einmal ein oder zwei dürftige Bewegungsantworten in ihren Protokollen, dafür aber um so mehr Farb-Form-Antworten, d. h. Antworten, die vorwiegend durch den Eindruck der Farbe und nur sekundär noch durch die Form hervorgerufen werden. Von ihnen sagt schon Bohm 1951 sehr treffend:

»Die Farb-Form-Antworten sind ein Gradmesser der labilen Affektivität, die zwar noch nach Kontakt strebt, der es aber nicht gelungen ist, eine stabile Objektbeziehung herzustellen. Die Antriebe befinden sich hier in einem Stadium, das wir mit Rudolf Brun als Reizsuche bezeichnen können. Diese Unruhe der Reizsuche ist ein ›Appetenzverhalten‹ im Sinne von Konrad Lorenz, ein Spannungszustand, der grundsätzlich zur Auslösung einer Instinkthandlung drängt und so lange bestehen bleibt, bis diese möglich geworden ist. In der menschlichen Psychopathologie kann ein solcher Zustand als Dauerzustand auftreten; bei der neurotischen Unangepaßtheit könnte man deshalb sehr wohl von dem Paradox eines Provisoriums sprechen.«[11]

Nach Bohm beruht nun die bremsende Wirkung der Bewegungsantwort gegenüber den Farbantworten auf der Gegenwirkung der intrapsychischen Arbeit gegenüber den extratensiven Tendenzen des Affektausdrucks[12]. Die Möglichkeit aber, die Bewegungsantworten im Rorschachverfahren geben zu können, beruht nun – und das ist das Wesentliche für uns – *auf der Fähigkeit zur Identifikation!* Bohm schreibt darüber:

»Die beste Erklärung über das Zustandekommen der Bewegungsantwort findet sich bei Freud in seinem Buch ›Der Witz und seine Beziehung zum Unbewußten‹. Es heißt dort: ›Die Vorstellung von einer bestimmt großen Bewegung habe ich erworben, indem ich eine Bewegung ausführte oder nachahmte, und bei dieser Aktion habe ich in meinem Innervationsempfinden ein Maß für diese Bewegung kennengelernt. Wenn ich nun eine ähnliche mehr oder minder große Bewegung bei einem anderen wahrnehme, wird der sicherste Weg zum Verständnis – zur Apperzeption – derselben sein, daß ich sie nachahmend ausführe, und dann kann ich durch den Vergleich entscheiden, bei welcher Bewegung mein Aufwand grö-

11 E. Bohm, Lehrbuch der Rorschachpsychodiagnostik. 1951, S. 54.
12 Ebenda, S. 167.

ßer war. Ein solcher Drang zur Nachahmung tritt gewiß beim Wahrnehmen von Bewegungen auf. In Wirklichkeit aber führe ich die Nachahmung nicht durch, so wenig wie ich noch buchstabiere, wenn ich durch das Buchstabieren das Lesen gelernt habe. An Stelle der Nachahmung der Bewegung durch meine Muskeln setze ich das Vorstellen derselben mittels meiner Erinnerungsspuren an die Aufwände meiner Bewegungen.‹ Es heißt dann weiter, daß – wie uns die Physiologie lehrt – ›auch während des Vorstellens Innervationen zu den Muskeln ablaufen, die freilich nur einem bescheidenen Aufwand entsprechen‹. So kommen die Vorstellungsmimik und die Ausdrucksbewegungen zustande, und so kommen auch die Bewegungsantworten zustande. Hier ist die Theorie der Bewegungsantworten. Man kann dann mit A. Weber sagen, daß die Bewegungsantworten entstünden aus dem ›virtuellen Bewegungsvollzug‹. Damit eine Antwort eine Bewegungsantwort werde, muß die Bewegung also gefühlt, nicht bloß gesehen sein. Die Versuchsperson muß das Geschehene miterleben. Darin liegt immer eine Identifikation.«[13]

Die Bewegungsantworten haben nun nicht nur eine bremsende, steuernde Wirkung auf die Affekte, nein, ob ein Mensch intelligent ist oder nicht, ist ebenfalls vom Vorhandensein solcher Bewegungsantworten im Rorschachprotokoll abhängig. »Nicht neurotische oder deprimierte Intelligente haben immer einige Bewegungsantworten«, schreibt Bohm auf S. 149. Und weiter unten gibt er eine direkte Korrelation zwischen Bewegungsantworten und Intelligenzgrad an[14].

Diese Zusammenhänge erhellen schlagartig, warum Heimkinder dumm sein müssen und ihre Affekte nicht steuern können: Sie haben nicht die Möglichkeit gehabt, sich mit ihrer ersten Beziehungsperson zu identifizieren, sie haben ihr nicht »nachfolgen«, sie nicht nachahmen können. Deshalb können sie nicht lernen, deshalb sehen sie »den Wald vor lauter Bäumen nicht«. Deshalb können sie auch nicht vorstellend etwas »zusammen erschauen«, etwas intuieren, worauf im Grunde alle Fähigkeit zum einsichtigen Lernen beruht.

13 Ebenda, S. 36.
14 Ebenda, S. 149.

Aber sie können wegen ihres Mangels an Bindungsfähigkeit auch nicht steuern, was in den nächsten Lebensjahren mächtig in ihnen erwachen wird: den Aggressionstrieb und den Geschlechtstrieb. Es ist kein Wunder, daß diese Kinder gefährliche Außenseiter der Gesellschaft werden müssen.

Am Rande sei noch vermerkt, daß die Zunahme der »gewissenlosen« intentional gestörten Neurotiker heute deshalb ein kollektives Problem wird, weil es uns mit Hilfe der Medizin gelingt, diese Kinder am Leben zu erhalten. Helga Fischers Enten starben zu einem hohen Prozentsatz, als sie versuchte, sie im Kaspar-Hauser-Verfahren aufzuziehen. Auch Heimkinder und intentional gestörte, unverwahrte Mutterkinder sind zunächst wesentlich anfälliger, wie René Spitz es nachgewiesen hat. Aber wenn wir dafür sorgen, daß diese Kinder mit Hilfe des Penicillins ihre Lungenentzündungen, mit Hilfe von Infusionen ihre Dyspepsien überstehen, sind wir auch verpflichtet, uns dafür einzusetzen, daß sie zu Menschen heranwachsen, die ein sinnvolles Leben führen können, statt das Kollektiv durch rachsüchtige Gewalttaten zu gefährden. Solange wir es aber nicht schaffen, die Zunahme der Jugendkriminalität unter dem Blickwinkel der Antriebsstörungen zu sehen, wird es uns nicht gelingen, diesem Problem auch nur annähernd zu Leibe zu rücken. Die Jugendkriminalität hat in den letzten 15 Jahren permanent zugenommen. M. E. ist es eine höchst gefährliche Selbsttäuschung, diese Zahlen auf reine Pubertätsschwierigkeiten vorübergehender Art zurückzuführen. Schon die Tatsache, daß man Gewalt- und Sittlichkeitsverbrecher oft nur aus der Verbrecherkartei herauszusuchen und Augenzeugen zur Identifikation vorzulegen braucht, beweist, daß der Stereotypiecharakter von Antriebsstörungen den Kriminalisten durchaus bekannt ist – nur ging man diesem Faktum selten so weit auf den Grund, daß man endlich prophylaktische Konsequenzen daraus gezogen hätte[15].

15 Die von mir bereits seit langem vertretenen Gedankengänge dieses Kapitels und des Kapitels V über prägungsanaloge Entwicklungsabläufe bei Kindern (s. Praxis d. Kinderpsychol. 1967) wurden von B. Hassenstein übernommen und in seiner Schrift ›Tierjunges und Menschenkind‹, Stuttgart 1970, verarbeitet. Auch sein Buch »Verhaltensbiologie des Kindes« fußt auf der von mir erarbeiteten Antriebslehre.

Lassen sich Kaspar-Hauser-Affen resozialisieren? Kaum. Lassen sich Kaspar-Hauser-Enten bindungsfähig machen? Nach den jüngsten Untersuchungsergebnissen aus dem Max-Planck-Institut Seewiesen keineswegs. Die Chancen sind beim Menschen im höheren Alter zumindest ungewiß. Aber die größere Plastizität des Menschen spricht doch für eine größere Chance von Therapieerfolgen als bei den Tieren. Die Voraussetzung dazu ist – das sollte nach dem eben Gesagten einleuchten – eine lange, nachholende Zweisamkeit mit einem Therapeuten oder auch mit einem Angehörigen, möglichst unter Ausschaltung einer Umwelt, die zu viele Reize auf einmal bietet. Daß es sich bei diesen Vorgängen nicht einfach um eine nachholende Phase allgemeiner und stärkerer Stimulation handeln kann, könnte man auch daraus erlernen, wie sich z. B. Nachfolgeprägungen bei Rothirschen vollziehen. Nach einer Studie von Beach 1954 bleiben die Tiere den größten Teil des Jahres bei der Herde, aber kurz vor dem Kalben sondern sich die weiblichen Tiere ab. Eine Zeit nach der Geburt bleibt das Junge verborgen und wird nur von der Mutter periodisch aufgesucht und gesäugt. Danach gehen beide zur Herde, und das Junge richtet seine Nachfolgereaktionen jetzt nur auf die Mutter. Ähnliches hat Klingel 1966 bei Zebras berichtet. So ein isoliertes Kennenlernen muß auch in der Therapie von Kindern, die eine intentionale Gehemmtheit haben, der Kernvorgang sein.

Denn es handelt sich ja darum, daß das Kennenlernen, Unterscheiden und Sich-Binden an einen einzelnen Menschen nachvollziehend gelernt werden muß. Solche therapeutischen Möglichkeiten gibt es bei uns heute aber kaum, und zwar gehört es zur speziellen Tragödie dieser Kinder, daß sie in »Fürsorgeerziehung« genommen werden müssen, wenn sie in der Familie untragbar werden. Hier pflegt meist die Entwicklung im Circulus vitiosus abzurollen. Die besten Therapieerfolge sind dort zu verzeichnen, wo Heimkinder so jung wie möglich in Pflege- oder Adoptivstellen übernommen werden. Wenn solche Kinder zu einer Mutter kommen, die es sich nach gründlicher Information über die Natur der Störungen zur Aufgabe macht, so ein Kind durch intensive Beschäftigung mit ihm zu heilen, kann man immer wieder ausgesprochen günstige Entwicklungen erleben. Einige Beispiele sollen das beleuchten.

Ein uneheliches Heimkind, von der Geburt an im Säuglingsheim S., wird im Alter von einem Jahr und acht Monaten von einer jungen mütterlichen und geistig beweglichen Frau adoptiert, die wegen eines Unterleibsleidens selbst keine Kinder austragen kann. In einem Pflegebericht des Heimes heißt es, daß das Kind nicht gehorcht (!). Das Kind litt, als die Adoptivmutter es übernahm, an Jactationen in der Nacht und am Tage, die Sprachentwicklung und auch die körperliche Entwicklung waren retardiert. Gesine machte in diesem Alter gerade die ersten Laufschritte, mit einem Jahr und acht Monaten!

Drei Jahre nach der Übernahme durch die Mutter stellte sie mir das jetzt wesentlich veränderte Kind vor: Gesine hatte innerhalb von drei Monaten die Jactation völlig aufgeben können. Die Mutter berichtet: »Ich beschäftigte mich am Tage immer wieder in Abständen allein mit ihr. Wir spielten zusammen Ball oder warfen Bautürme um, oder wir machten einfach Fingerspiele und spielten Verstecken. Immer wenn Gesine am Tage angefangen hat zu schaukeln, habe ich mich mit ihr beschäftigt. Als sie mich schon gut kannte, habe ich sie eine Weile nachts in mein Bett genommen. Da hat auch dort das Schaukeln aufgehört.«

Ähnlich berichtet eine Adoptivmutter, die ihr Adoptivkind im Alter von drei Jahren aus dem Heim holte, in dem es bisher aufgewachsen war. Sie schreibt: »Sobald man sich von ihr abwandte, fing sie an zu schaukeln, dies auf eine sehr heftige Art. Dabei nahm ihr Gesicht einen völlig abwesenden, leeren Ausdruck an, daß es zum Erbarmen war. So beschäftigten wir uns so viel wie möglich mit ihr. Das Schaukeln hatte bis zur Weihnachtszeit (im März war das Kind in die Familie übergesiedelt) fast aufgehört. Zu Anfang war es fast ein Dauerzustand bei Katja, es setzte ein, sobald man aufhörte, mit ihr zu sprechen. Nun ist Katja schon 1½ Jahre bei uns, und aus dem ängstlichen, oft weinenden Schaukelkind ist ein fröhliches Mädel geworden. Am Anfang ihrer Zeit hier hat sie sich kaum für die Umwelt interessiert, heute ist sie sehr wissensbegierig.«

Nicht nur die größere Plastizität des Menschen läßt therapeutische Bemühungen bei Menschen aussichtsreicher erscheinen als beim

Tier: Auch das Schutzsuchen und das Sich-Binden kann erfolgreicher nachgeübt werden als bei Tieren, weil er eine längere Kindheit hat. Wenn wir dabei auch Gegenstände, wie z. B. Felltiere, verwenden, so kann die eigentliche Hilfe dem kleinen Patienten nur durch den Einsatz des Therapeuten erwachsen. Denn daß sich das »ozeanische Gefühl« des Verlassenseins in das der Behausung umwandelt, kann nur am Menschen nachgeholt werden, der dem Kind über lange Zeit hinweg Bergung und Schutz vermittelt.

## *5. Zusammenfassung*

1. Wie manches Jungtier, das auf Brutpflege angewiesen ist, hat auch der Mensch in seiner frühen Kindheit eine sensible Phase, in der er die Fähigkeit erwirbt, seine Pflegerin zu erkennen und sich in einem Identifikationsprozeß an sie zu binden.

2. Das Erwerben dieser Erkennungsmerkmale ist beim Menschen und anscheinend auch bereits bei den Anthropoiden ein Lernvorgang, bei Vögeln ein Prägungsvorgang.

3. Abgesehen von diesem Unterschied in der Art, wie das Erkennen der ersten Pflegerin vollzogen wird, haben diese Vorgänge bei Jungtieren und Säuglingen dennoch die gleiche innere Struktur. Sie sind eine Instinkthandlungskette, d. h. in einem bestimmten Stadium physiologischer Organreifung, nämlich dem Funktionsfähigwerden der Sinnesorgane, tritt der intentionale Antrieb als ein zunächst diffuses *Appetenzverhalten* in Erscheinung. Die Reize bestimmter Merkmale des Brutpflegers, die Augen und die Stirn-Nasen-Partie, führen zu seinem Erkennen, Wiedererkennen und zum Unterscheiden von anderen Artgenossen. Dadurch wird die Reaktion der Nachfolge, der Nachahmung, der Identifikation, der Schutzsuche und – generalisiert – der Bindungsfähigkeit möglich.

4. Dieser Drang, zu erkennen und sich zu binden, trägt den Charakter eines Antriebes. Das ist daraus ersichtlich, daß er störbar ist und die dann auftretenden Fehlverhaltensweisen die gleichen Charakteristiken aufweisen wie andere Verhaltensänderungen, die entstehen, wenn ein vitaler Antrieb nicht das spezielle Antriebsobjekt fand, das der Antriebsbefriedigung adäquat ist.

5. Solche Behinderungen des intentionalen Antriebs lassen sich bei Tieren im Experiment dadurch hervorrufen, daß man die Jungtiere ohne jede Beziehungsperson aufwachsen läßt oder ihnen eine inadäquate Ersatzmutter zugesellt. Beim Menschen entstehen Antriebsbehinderungen nach der Antriebslehre vor allem dadurch, daß durch ein inadäquates oder ungenügendes Anbieten des Reizes »Pflegerin« unter Angst eine Verdrängung und Unterdrückung des Antriebsimpulses stattfindet. Dennoch wird sowohl bei Menschen wie auch bei Tieren in solchen Fällen gleichermaßen bewirkt, daß die Nachfolgereaktion bzw. der Identifikationsvorgang ausfällt.

6. Das kann bei Menschen und Tieren gleichartige Verhaltensstörungen als Folge der Antriebsbehinderungen bewirken:

a) durch den Mangel an Antriebsentspannungen oder Befriedigungserlebnissen am Primärobjekt kann eine übersteigerte Spannung chronisch werden. In solchen Fällen verhalten sich Gans, Affe und Mensch gleichermaßen unangepaßt, überneugierig, taktlos und sich aufdrängend; oder

b) Menschen und Tiere nehmen mit einem Ersatzobjekt vorlieb. Das kann bei Tieren sogar ein Nichtartgenosse sein, aber auch die leibliche Mutter beim Menschen ist zur Not ersetzbar. Ja es ist nicht einmal sicher, daß dann bleibende Schäden oder Veränderungen auftreten, vorausgesetzt freilich, daß die pflegende Person bis zum Unabhängigwerden des Individuums dieselbe bleibt. Es kommt zu schweren Störungen, wenn die Pflegerinnen innerhalb der sensiblen Phase häufig wechseln. Aber auch bei späterem Wechsel der Pflegenden kann es zu Desorientierungen und Angstsymptomen kommen. Meist dominiert dann die Bindung an die erste Bezugsperson. Wenn den Tier- oder Menschenkindern keine Ersatzperson zur Verfügung steht, tritt das verstärkte Bedürfnis nach *Befriedigungen an Ersatzobjekten* auf. Das hypertrophierte Bedürfnis nach weichen Sachen gehört beim Menschen in die Reihe der Ersatzbefriedigungen;

c) am deutlichsten wird der Charakter des Triebhaften solcher Störungen bei den zahlreichen *Stereotypien*, die auftreten, wenn Säuglingen und Jungtieren der Bezug zur Mutter in der Phase der Abhängigkeit fehlt. Fellreißen, Augenpiecksen und Sich-selbst-Umschlingen scheinen dabei spezifisch zu diesem Funktionskreis gehörige Anomalien zu sein. Häufig werden aber auch Verhaltens-

weisen jetzt erst zu Stereotypien, die ursprünglich oralen Triebbereichen zuzuordnen waren: das Lutschen, das Lecken und die Jactationen;
d) es kann aber auch in diesen Antriebsbereichen zu *Übersprunghandlungen* in andere Funktionskreise kommen. Übersteigertes Harnen, Übersprungschlafen und exzessives Onanieren ist sowohl bei Kindern als auch bei Jungtieren beobachtet worden;
e) als *Leerlaufhandlungen* dieses Antriebs dürfen wir das Weglaufen von Tieren und Kindern ansehen, das den Charakter des blinden Suchens nach dem bergenden Primärobjekt trägt.

7. Bei Jungtieren und auch bei Menschen, die keine hinreichende Befriedigung des Nachfolgetriebes erfahren durften, atrophiert die Funktion, zu erkennen und beobachtend nachzuahmen. Deswegen bleiben sie dümmer als ihre unter normalen Bedingungen aufgewachsenen Artgenossen und entbehren der Fähigkeit, Kontakt aufzunehmen und sich einer Sozietät anzupassen.

8. Während beim erwachsenen Tier diese Funktionen in sehr umgrenzte, starre arterhaltende Instinktmechanismen einmünden, kann der Mensch die Funktionen des Erkennens und Sich-Bindens von vitalen Triebobjekten ablösen und mit spezifisch menschlichen »Objekten« verbinden: in wissenschaftlicher Tätigkeit und in einem überpersönlichen, letztlich religiösen Verantwortungsgefühl. Im Impuls zum wissenschaftlichen Forschen steckt als Triebfunktion das Suchen-, Erkennen- und Unterscheidenwollen. In der Übernahme kommunaler oder religiöser Aufgaben läßt sich unschwer der Drang, sich zu binden, sich zu verpflichten, Ver-»Antwortung« zu tragen, wiedererkennen. Es ist kein Zufall, daß Bohm über die Bewegungsantworten im Rorschachtest schreibt:

»Aus Gründen, deren theoretische Erklärung bisher noch nicht gelungen ist, haben die Bewegungsantworten einen Zusammenhang mit den schöpferischen Kräften der Persönlichkeit wie auch mit dem *religiösen Erleben!*«[16]

Mit dem Blick auf den Erwerb der Identifikationsfähigkeit ist die Erklärung nicht schwer zu finden. Sie heißt: Wer sich an seine Mutter hat binden können und dürfen, kann auch später Bindun-

16 Ebenda, S. 52.

gen anderer und höherer Art eingehen. Für den Menschen wird zudem ersichtlich: Moral ist nicht nur durch die Kenntnis der Gesetze, Religion nicht im Religionsunterricht in seinen Grundgesetzen lernbar. Sie haben viel ältere, emotionale Wurzeln in der frühen Kindheit des Menschen.

9. Die Möglichkeiten der Therapie scheinen abhängig zu sein von der Länge des Erwerbsvorgangs der Nachfolgereaktion. Er scheint im übrigen um so länger, je höher differenziert das Lebewesen ist.

Dennoch sind solche Störungen beim Menschen nur sehr schwer reversibel, obgleich sie durch langfristigere Lernvorgänge im Säuglingsalter entstanden sind, als das bei Tieren der Fall ist. Das mag sowohl an der emotionalen Beteiligung beim Einsetzen der Störung als auch daran liegen, daß durch den Mangel an Tätigung der Antriebshandlung eine Atrophie jener Funktionen bewirkt worden ist, die zur Ausübung solcher Handlungen notwendig sind. Intellektueller und moralischer Pseudoschwachsinn haben ihre Wurzel in der frühen Kindheit des Menschen. Sie sind ein Zeichen dafür, daß der intentionale Antrieb gestört worden ist.

# IV. Das aggressive Antriebsgeschehen und seine Störungen

## *1. Über den Sinn des Ungehorsams*

Aus den Beobachtungen der Entwicklungspsychologen und der Kinderpsychotherapeuten wissen wir einiges über die Art der Verhaltensweisen von kleinen Kindern, wenn sie beginnen, Aggressionen zu äußern. Auch die Antriebslehre hat sich ausführlich damit beschäftigt. Annemarie Dührssen schreibt darüber:

»Die Ausreifung der motorischen Körperfunktion hat ... von der Antriebsseite her eine besondere Bedeutung. Nicht nur die Bewegung wird erstrebt, sondern zusammen mit der einübenden Handlungsfähigkeit entwickelt sich auch der Wunsch nach geformter Handlung. Handelnd wird an die Umwelt herangegangen, handelnd, prüfend, untersuchend, zerlegend, zerstörend benutzt das kleine Kind seine motorischen Fähigkeiten, um seinen Interessen an der Welt Nahrung zu geben. Wir haben unter diesen Gesichtspunkten die sich jetzt abspielende Entwicklung die Phase der ersten handelnden Weltbewältigung genannt. Diese Phase der handelnden Weltbewältigung hat auch vom Affekt her ihre besondere Note. Die Beherrschung des eigenen Körpers gibt dem kleinen Kind neue Möglichkeiten der Selbstbehauptung und Selbstdurchsetzung. Die Trotzphase, die ja in diese Epoche fällt, ist die Zeit, in der sich beim Kind das erste keimende Wollen entfalten will. Es ist die Zeit, in der das Kind beginnt, seine eigenen Impulse deutlich von den Wünschen, Vorschriften und Erwartungen der Erwachsenen abzuheben.«[1]

Die Antriebslehre spricht also von einem spontanen Auftreten trotziger Impulse und meint, daß sie die Funktion haben, die »handelnde Weltbewältigung« des Kindes mit zu bewirken, wie sie im zweiten Lebensjahr einsetze. Es ist nun an dieser Stelle wichtig, sauber herauszustellen, in welcher Art die aggressiven Impulse in Er-

1 A. Dührssen, Psychogene Erkrankungen von Kindern und Jugendlichen. Göttingen 1960, 3. Auflage, S. 87.

scheinung treten, und sie abzuheben von jenen Antriebsteilen, die aus einem früheren Antriebsgeschehen in diese neuen Handlungsweisen einfließen. Es scheint wichtig, hier bei A. Dührssen den Akzent des »Sich-abheben-Wollens«, den Impuls zur Selbstbehauptung und Selbstdurchsetzung nicht zu überhören, denn er besagt, daß die ersten aggressiven Regungen eines Kindes den Zweck haben, sein Ich, sein Ego, sein Naturrecht – und wie immer wir es auch nennen mögen – zu erkämpfen, sich selbst von den anderen zu unterscheiden, sich selbst zu verteidigen. Dieses ist der eigentliche neue Impuls, der in Erscheinung tritt, wenn der kindliche Organismus so weit gereift ist, daß es ihn handelnd gebrauchen kann. Daß es uns an dieser Stelle immer noch schwer fällt, den Aggressionstrieb sauber zu erfassen, liegt vor allem daran, daß er bei seinem ersten Auftreten schon durchsetzt ist mit jenen Antriebsteilen, die sich bereits in der Säuglingszeit entfaltet haben. Einige wichtige andere Funktionen liegen bei einem gesund entwickelten Kind bereits parat, wenn es in diese Phase »der handelnden Weltbewältigung« eintritt: die Fähigkeit, zuzupacken und sich anzustrengen, die Fähigkeit, etwas anzuschauen und neugierig zu untersuchen. Diese Fähigkeiten bilden die Voraussetzung zu aller neu einsetzenden handelnden »Welteroberung«. Aber sie machen nicht das spezifisch Neue dieser Phase aus. Das wesentlich Neue ist das Sichabheben, ein erstes Ich-selbstsein. Dabei ist dieser Prozeß in einer aufschlußreichen Weise zusätzlich abhängig davon, wie die Phase des Schutzfindens durchlaufen wurde. Denn nur auf dem *Boden der Bindung* kann beim Menschen der Antrieb zur Aggression gesund und nicht übersteigert entfaltet werden. Das Wissen um den Ort und die Person, bei der man sicher ist, an die man sich dadurch gebunden weiß, daß man ihr etwas zuliebe tun, auf etwas verzichten oder etwas aufschieben kann, dieses Wissen macht den Mut zum Erobern für das kleine Kind erst möglich, macht andererseits eine teilweise Trennung nötig, bewirkt aber auch, daß die Mutterbindung weiter wirksam ist, wenn das Kind sich von ihr entfernt. Es gehört z. B. zu der typischen Handlungsweise und Handlungsart eines etwa dreijährigen Kindes, daß es seinen Aktionsraum erweitert, sich kaum noch beim Spiel um die Mutter kümmert – aber dennoch in ihrer Reichweite bleibt und zwischendurch immer einmal wieder zu ihr zurückkehrt.

Das ist nicht nur beim Menschen so. Während Tiere, die am Lebensanfang weniger der Pflege durch einen Artgenossen bedürfen, Rivalitätskämpfe erst im Erwachsenenalter ausführen, gibt es auch bei Nesthockern und höheren Tieren mit einer längeren Abhängigkeit vom Muttertier eine Phase, in der es zu angedeuteten aggressiven Handlungen zwischen Mutter und Jungtier und zu spielerischen Rivalitätskämpfen unter den Wurfgeschwistern kommt. Diese Phase liegt immer dort in der Ontogenese dieser Tiere, in der das Junge schon selbständiger, aber noch nicht vollständig flügge ist. Sie ist eine Trennungsphase, wie Harlow sie in bezug auf seine Affen nennt. In dieser Phase ist die Bindung an die Mutter noch wirksam, aber mit Hilfe des Aggressionstriebes vollzieht sich allmählich zugunsten der Selbständigkeit die Ablösung. Ja, Harlow beschreibt bei jungen, schon sehr selbständigen Rhesusäffchen genau das gleiche Phänomen, das bei dreijährigen Kindern zu beobachten ist. Auch die Affen betätigen sich in dieser Phase schon unabhängig von der Mutter, aber sie nehmen doch immer wieder einmal Kontakt zu ihr auf, indem sie zu ihr hinüberlaufen und sich kurz bei ihr ankuscheln.

Bauen sich diese Vorgänge in der Trennungsphase ebenfalls auf Instinkthandlungsketten auf? Wir können das für den Menschen nicht mit Sicherheit behaupten. Es gibt freilich eine ganze Reihe von Tierbeobachtungen, die dafür sprechen, so wenn Rehe ihre Jungtiere fortschlagen, die sich der Mutter nähern, um zu saugen, obgleich sie schon in der Lage sind, sich allein Nahrung zu suchen. Das Nähern des Tieres wirkt hier anscheinend als auslösender Reiz, dem Kitz den Schlag zu versetzen. Jedenfalls stehen gewiß wechselseitig abstoßende Handlungen im Mittelpunkt solchen Geschehens. Es scheint, als ob es durch Gesten oder Handlungen des Sichnäherns und Festhaltenwollens ausgelöst wird. Entsprechendes scheint sich auch beim Kind abzuspielen, wenn es z. B. die Hand der Mutter mit einem energischen »Alleine!« wegstößt. Vor allem aber die Tatsache, daß die Behinderungen solcher frühkindlichen Aggressionen zu gleichen Erscheinungen führen wie bei Tieren, deren Aggressionshandlungen man stört, erlaubt den Schluß, daß es sich auch beim Kinde um ein Antriebsgeschehen handelt. Wir können nun versuchen, auf Grund dieser Gegebenheiten eine Arbeitshypothese nach dem Muster der Instinkthandlungskette zu erstellen und dann anhand der Erscheinungsbilder von Aggressionshandlungen prüfen, ob dieses Modell zutreffend ist.

Wenn wir mit Konrad Lorenz annehmen, daß aggressive Impulse auch beim Menschen auf Grund eines endogenen Antriebsgeschehens in Erscheinung treten, können wir uns den Ablauf einer Aggressionshandlung beim Kind etwa folgendermaßen vorstellen:

Ähnlich wie das Reifen der Sinnesorgane für den intentionalen Antrieb bildet die Reifung des Bewegungsapparates beim kleinen Kind die Voraussetzung dafür, daß der aggressive Antrieb in Erscheinung tritt. Wenn das Kind laufen kann, wird es sehr bald von dem dranghaften Impuls beherrscht, die beschützenden Arme, die stützende Hand der Mutter fortzustemmen, fortzustoßen, abzuschütteln, um sich selbständig zu machen. Dabei scheinen die festhaltenden, bindenden Handlungen der Erziehungspersonen den auslösenden Reiz für trotzige Aktionen des Selbstverteidigens darzustellen. Daß es sich dabei wirklich um ein triebhaftes Geschehen handelt, läßt sich z. B. an der Erfahrung verifizieren, daß Kinder, denen dieser Reiz von Seiten ihrer Eltern fehlt, immer wieder versuchen, provozierend solche einschränkenden Handlungen hervorzurufen. Das ist z. B. auch die Erklärung dafür, warum Kinder, die man ohne alle Einschränkung erzieht, immer aggressiver werden, je mehr sie erleben, daß sie in Watte stoßen mit ihrem Aggressionstrieb und er so keine Möglichkeit findet, sich an dem dafür vorgesehenen Objekt zu betätigen. Wenn wir unsere Muster für Antriebshandlungen zu Hilfe nehmen, können wir über den Antrieb zum Verteidigen folgende Aussage machen:

Im Stadium der kindlichen Entwicklung, in dem der Bewegungsapparat weitgehend funktionsfähig geworden ist, erwacht vermutlich auch auf Grund eines endogenen Geschehens der aggressive Antrieb. Er zeigt sich zunächst in einem diffusen, aggressiv getönten Suchverhalten. Es ist durchaus berechtigt, daß die Entwicklungspsychologen von dieser Zeit als von einer Destruktionsphase sprechen: Das Kind zeigt einen Drang, zu zerreißen, zu zerteilen, zu schlagen – nicht nur auf Grund eines unbeholfenen Forschens. Die aggressive Tönung pflegt bei diesen Spielen auch bei den kleinen Mädchen nie ganz zu fehlen. Das ist daran zu erkennen, daß diese Aktionen des Kaputtmachens ausgesprochen lustbetont sind. Das bevorzugte Antriebsobjekt dieser Handlungen bildet die Mutter. Antriebsfunktion ist in diesem Bereich also das Angreifen. Das Antriebsziel ist die Antriebsentspannung, die Befriedigung, die in diesem Fall durch die Loslösung von der Mutter mit Hilfe aggressiver Handlungen entsteht.

Es erscheint in diesem Zusammenhang auch wichtig, abermals die Doppelnatur des Antriebsziels: das Erreichen der Selbständigkeit *und* die aggressive *Handlung*, in den Vordergrund zu rücken. Später wird aufzuzeigen sein, daß Antriebsentspannung nur dann zustande kommt, wenn diese beiden Komponenten ihre Erfüllung gefunden haben.

Welchen Sinn könnte so ein aggressives Antriebsgeschehen in der Kindheit des Menschen haben? Gehört es in die Kategorie der Spiele? Ist es ein Zeichen dafür, daß hier ein Antrieb viel früher in Erscheinung tritt, als er für eine lebens- und arterhaltende Handlung notwendig wird? Zu einem Teil ist das gewiß der Fall. Auch die Kinder von höchst pazifistischen Eltern lassen es sich selten nehmen, während ihrer Kindheit mit Leidenschaft Indianer- und Kriegsspiele durchzuführen, sie zanken sich nach allen Regeln der Kunst mit ihren Geschwistern, mit den gleichen »Rivalen«, mit denen sie sofort fest zusammenhalten, wenn sie in ernste und bedrohliche Situationen geraten. Hier haben die Aggressionen den Charakter von Vorübungen. Sie bereiten auf Handlungen vor, die erst im Erwachsenenalter Ernstcharakter bekommen, auf Handlungen der Verteidigung gegen Rivalen, die irgendein zu erhaltendes Gut streitig machen.

Auf dieses Triebziel der Aggressivität weist Konrad Lorenz hin. Er sagt mit Recht, daß solche Antriebsziele in unserer zivilisierten Welt fragwürdig und zum großen Teil auch überflüssig geworden sind. Der Aggressionstrieb sei aber beim Menschen gerade deshalb gefährlich, weil er durch die Beraubung seines eigentlichen Antriebsziels aufgestaut werde. Mit dieser Argumentation allein rückt aber der Aggressionstrieb beim Menschen abermals in ein negatives Licht. Er scheint nur noch ein Rudiment zu sein, das in unserer zivilisierten Welt eigentlich nichts zu suchen hat. Er bekommt den Akzent einer »rohen Kraft, die sinnlos waltet.« Wir meinen dagegen nachweisen zu können, daß der Aggressionstrieb auch heute noch beim Menschen, unabhängig vom Aspekt des Rivalitätskampfes, eine lebensnotwendige Aufgabe hat. Das Nachdenken über das Wesen der Aggressionen bei ihrem ersten Auftreten in der Ontogenese und die Störungen der Aggressionen können uns auf diesem Wege weiterhelfen.

Hat die Mutter beim ersten Auftreten des Aggressionstriebes wirklich lediglich die Aufgabe, ein Übungsmodell zu sein dafür, daß ihr Kind später das Vaterland verteidigen oder mit einem Rivalen um eine ersehnte Frau kämpfen kann oder später im Beruf der Konkurrenz gewachsen ist? Ich meine, daß man schon durch den Anblick eines trotzenden Kindes von dem »Ernstcharakter« solcher Handlungen rasch überzeugt werden kann: Das Trotzen ist für das Kind eine zentrale Angelegenheit. Dieser Schluß ist berechtigt, weil wir in der Praxis die Erfahrung machen konnten, daß Kinder, bei denen die Trotzphase total ausfiel, später vermehrt seelisch erkranken. Es kann ihnen geschehen, daß sie zu sehr an die Mutter gebunden bleiben, so daß es ihnen unzureichend gelingt, selbständig zu werden. Solche Kinder haben es schwer, sich realitätsgerecht zu verteidigen, sie werden steif, duckmäuserisch, übergehorsam und unkritisch. Wir dürfen aus diesen Störungen schließen, daß die aggressiven Handlungen beim kleinen Kind den Sinn haben, sich aus dem »Uroboros«, wie Erich Neumann sagt, aus dem schützenden Umfangensein von der Mutter zu lösen und damit die Voraussetzung zu schaffen für eine eigenständige Lebensbewältigung.

Über das Wesen und den Sinn der Aggressionen im kindlichen Entwicklungsprozeß haben die Menschen unbewußt lange schon Bescheid gewußt. Im Märchen von Hänsel und Gretel ist der Sinn des aggressiven Antriebs in einem großartigen Bild dargestellt[2]: Die bergende, alles spendende Mutter wird in diesem Märchen als Hexe gezeigt, die mit ihren Schätzen für die Kinder furchtbar gefährlich wird: Sie will sie fressen. Gegen diesen dämonisch-urmütterlichen Anspruch hilft nur eine Riesenaggression, die im Märchen im Verbrennungstod der Hexe im Backofen dargestellt ist. Aber sie

2 Ch. Meves, Erziehen und erzählen, von Kindern und Märchen. Stuttgart 1971.

verhilft den Kindern, frei zu werden und neue Schätze zu gewinnen. Auch die Genesis macht dieses Motiv deutlich: Der Ungehorsam von Adam und Eva bewirkt – wie beim Kind – die Austreibung aus dem Paradies der Unschuld, dem Garten der Geborgenheit. Aber ist diese Ausstoßung nicht gleichzeitig die Voraussetzung dafür, selbständig arbeiten zu müssen, und ist diese Stunde des Ungehorsams damit nicht gleichzeitig die Geburtsstunde aller Kultur?

Ich möchte damit deutlich machen: Im Leben der Menschen hat der Aggressionstrieb nicht nur den Sinn, durch Rivalitätskämpfe im Erwachsenenalter zu einer arterhaltenden Verteilung der Individuen beizutragen. Der Aggressionstrieb hat bereits bei seinem ersten Auftauchen in der Ontogenese, im zweiten Lebensjahr des Menschen, eine eigenständige Aufgabe: die Befreiung aus der Bindung so weit, daß eigenständige Entwicklung möglich werden kann. Bei einem Kind ohne Trotzphase verzögert sich die Entwicklung und führt nicht selten in eine Zwangsneurose, die dadurch gekennzeichnet ist, daß die spontanen Impulse des Menschen zugunsten einer fatalen Skrupelhaftigkeit und Unselbständigkeit des Handelns eingeschränkt werden. Oft bleiben gerade solche Kinder später traurig-vertrocknete Bürokraten, die servil und geduckt an eine immer befehlende Instanz unfrei und übergefügig gekettet bleiben. Hier tritt ein zweiter Aspekt in Erscheinung, warum Heimkinder so übersteigert aggressiv sein müssen: Wenn der Aggressionstrieb dieser Kinder im zweiten Lebensjahr erwacht, haben sie keine Phase der Behütung hinter sich. Dem Aggressionstrieb fehlt sein eigentliches Ziel: das Loslösen von der *beschützenden* Mutter. Das hat zur Folge, daß es für den Antrieb auch keine Antriebsentspannung geben kann. Andererseits fehlt diesem Antrieb aber auch die Begrenzung, die bei einem Mutterkind darin besteht, daß es der Mutter etwas zuliebe tun kann, daß es den Trotz nicht auf die äußerste Spitze treibt, jedenfalls dann nicht, wenn die Mutter die Bindung durch Verwöhnung nicht überzogen hat.

Ich schildere diese Vorgänge nicht von ungefähr. Es ist eine Erkenntnis von allgemeiner Bedeutung, daß bei Entwicklungsvorgängen Ablösung geschieht, ja daß Gebundenheit und Freiheitsbestrebungen einander bedingen und daß die Gebundenheit die primäre Voraussetzung darstellt für alle Vorgänge der Verselbständigung. Denn nur die Gebundenheit fordert dazu heraus, daß Ablösung vollzogen wird. Aber mit ihrer Hilfe wird Ordnung gewahrt, indem der Verzicht geleistet werden kann, eine äußere Grenze nicht zu überschreiten, hinter der Chaos und Selbstzerstörung lauern. Die Gebundenheit, die das kleine Kind bei seinem Schutzfinden in der Säuglingszeit erfährt oder nicht erlebt, sie entscheidet darüber, ob der Mensch in allen späteren Revolten fähig wird, die äußersten Grenzen nicht zu überschreiten, das Alte nicht vollends zu zerstören und sich nicht bedenkenlos in das Neue zu stürzen. Bindungsfähigkeit, und das heißt in diesem Sinne moralische Verantwortung, und Aggression bedingen einander. Sie sind die Garanten des »Fortschritts«. Ohne Bindungsfähigkeit würde sich eine Art sehr schnell selbst zerstören, ohne Aggressionen würde der Mensch im Traditionalismus und Konventionalismus erstarren.

Diese Gedanken mögen zunächst noch ein wenig spekulativ erscheinen – sie lassen sich aber belegen. Zum Beispiel, daß gerade die aggressiven Tierarten in der Lage sind, Unterscheidungsvorgänge individueller Art zu vollziehen, daß gerade sie bindungsfähig sind, wie z. B. die Ratten, scheint das nicht darauf hinzudeuten, daß nur so die Aggressivität nicht zur Ausrottung der Art geführt hat? Hingegen scheint mir die Annahme Konrad Lorenz', daß erhöhte Aggressionsbereitschaft Bindungsfähigkeit bewirke, nicht gerechtfertigt. Jedenfalls zeigt das Hinsehen auf die Entfaltungsvorgänge in der Ontogenese des Menschen, daß gerade das Umgekehrte der Fall ist: Das »Band« bildet die Voraussetzung dafür, daß maßvoll Ablösungsvorgänge vollzogen werden können, und behält auch späterhin eine steuernde und hemmende Funktion bei aggressiven Vollzügen.

**Ich hoffe, daß es auf Grund einer solchen Vorbesinnung möglich ist, die Gesetze des Aggressionstriebes und die Geschehnisse bei Antriebsfrustrationen in den Griff zu bekommen. Fassen wir noch einmal zusammen, was wir bisher erkannt haben:**

1. Nach den Beobachtungen von Verhaltensforschern und Entwicklungspsychologen tritt der Aggressionstrieb endogen, nicht reaktiv, bei Menschen und Tieren in den ersten Lebensjahren in Erscheinung.

2. Das Antriebsziel liegt in einer Handlung des Abstoßens.

3. Bei verschiedenen Tierarten ist das Antriebsobjekt hauptsächlich der Rivale. Bei solchen Arten treten aggressive Instinkthandlungen vornehmlich im Erwachsenenalter auf.

4. Bei höheren Tieren, bei stark gebundenen Nesthockern, und beim Menschen kommt es auch an der Grenze zum Flüggewerden zu aggressiven Handlungen zwischen Mutter und Kind.

5. Bei manchen Tierarten, deren Kindheit durch eine längere Zeit der Abhängigkeit und Hilflosigkeit gekennzeichnet ist, und auch beim Menschen gibt es eine Übergangsphase, in der Abstoßung und Anziehung sich gegenseitig die Waage halten. Bei diesen Tieren ist die Mutter das primäre Antriebsobjekt der Aggression. Solche Handlungen spielen sich vermutlich nach dem Muster von Instinkthandlungen ab, in die freilich Lernvorgänge verwoben sind.

6. Zum Teil haben die aggressiven Handlungen bei Kindern und Jungtieren zunächst spielerischen Charakter, was darauf hindeutet, daß ein Teil der aggressiven Handlungen lediglich den Wert des Vorübens hat für Aktionen, die erst im Erwachsenenalter ins Blickfeld rücken. Aber dennoch hat der Aggressionstrieb im Leben des Menschen nicht nur den Charakter fragwürdig gewordener Rivalitätskämpfe, sondern einen autochthonen Wert in bezug auf seine eigene individuelle Entfaltung und Höherentwicklung. Die Vorgänge der Trotzphase der kleinen Kinder sind geeignet, das zu beweisen. Am deutlichsten sichtbar werden diese Zusammenhänge, wenn man beobachtet, was geschieht, wenn aggressive Antriebshandlungen in der frühen Kindheit über lange Zeit und konsequent behindert werden.

Es ist höchst unwahrscheinlich, daß die Aggressionen, die ein Kind in der Trotzphase gegen die Mutter entwickelt, nur spielerische Funktionsbetätigungen sind. Das Wegstoßen der mütterlichen Hand trägt deshalb den Charakter des Lebensnotwendigen, weil das Kind vorher in einer Kind-Mutter-Ureinheit gelebt hat. Es muß dieses Band zunächst teilweise lösen, wenn es je lebenstüchtig und selbständig werden soll.

Wir können also konstatieren: Das primäre Antriebsobjekt der aggressiven Antriebshandlungen ist abermals die Mutter. Aber ihre Aufgabe an dieser Stelle ist sehr viel konfliktreicher, sehr viel schwankender und diffuser als jene Aufgaben, die sie während der

Säuglingszeit ihrem Kinde gegenüber hatte. Denn wenn die Entwicklung des Kindes weiter gesund verlaufen soll, muß eine Mutter jetzt beides vollziehen: gewähren und verbieten. Den schmalen Pfad des richtigen Maßes zwischen Skylla und Charybdis zu finden, gehört zu den schweren, aber natürlichen Aufgaben der Mutterschaft in dieser Phase. Denn »alles gewährt bekommen« bedeutet für das Kind, daß es abrupt schutzlos ist und zudem keinen Widerpart findet, an dem es zu seinem Heil die Funktion des Kämpfens tätigen kann. »Alles verboten bekommen« bedeutet für das Kind, unfähig zu bleiben, sich handelnd in dieser Welt durchzuboxen, sondern statt dessen kümmernd am Schürzenzipfel hängenzubleiben.

Der Lebensweg der Kinder mit Aggressionshemmungen beweist uns, daß der Mensch – mag er ein noch so hohes schöpferisches Potential als Erbgut mitgebracht haben – zur Gestaltung eigenschöpferischer Handlung nicht kommen kann, wenn er nicht wagt, den verbotenen Apfel zu essen, wenn er es nicht wagt, in promethischem Trotz sich »seine eigene Hütte und seinen eigenen Herd« zu bauen. Haben wir erst erfaßt, daß der Aggressionstrieb in der Ontogenese des Menschen endogen in Erscheinung tritt, können wir auch das Gewicht seines Wertes erfassen. Denn er ist das schlechthin entscheidende Stimulans menschlicher Entfaltung.

Gemäß den Gesetzen der Antriebsbehinderung ist auch der Aggressionstrieb störbar, wenn das Antriebsziel nicht erreicht wird. Das ist hier dann der Fall, wenn Antriebsentspannung oder Befriedigung nicht eintritt deshalb, weil die lebensnotwendigen Abstoßungsprozesse mit Hilfe aggressiver Handlungen nicht vollzogen werden.

Beim Kind geschieht das vor allen Dingen dann, wenn aggressive Regungen über lange Zeit auf Grund von Strafen der Erziehungsperson rigoros unterbunden werden. Diese Behinderungen pflegen auf dem Wege über Lernprozesse mit Hilfe bedingter Reflexe vonstatten zu gehen: Der Impuls zum Aggressivsein, der wie jede lebensnotwendige Antriebshandlung mit einem positiven Gefühlston gekoppelt ist, verwandelt sich durch die Erfahrung der Strafe in einen negativen. Das Kind beginnt die aggressive Handlung zu fürchten und zu unterdrücken. Es tritt eine Verdrängung und dadurch eine Gehemmtheit des Aggressionstriebes ein. Die Störungen, die nun auftreten, sind den Störungen von Tieren, die man hindert, aggressive Handlungen durchzuführen, gleich.

Zu gleichartigen Störungen kann es aber auch kommen, wenn das primäre Antriebsobjekt überhaupt nicht vorhanden ist, vor allem dann, wenn es während der Phase des Schutzsuchens nicht vorhanden war. Ebenso aber auch dann, wenn eine überbeschützende Haltung oder alles gewährende Haltung der Erziehenden keine Auslöser bietet für aggressive Handlungen des Kindes. Auch in solchen Fällen kommt es zu keiner Entlastung, weil die Funktion, die zur Antriebsentspannung führt, nicht getätigt ist.

## 2. *Störungsformen des aggressiven Antriebs*

Junge Damselfische, so hat A. Rasa beobachtet, beginnen sich einen Gegner zu suchen, wenn sich von selbst keine Kampfgelegenheit einstellt. Auch Kinder, denen die Eltern ausweichen, versuchen immer wieder, zu Aggressionen zu reizen. In Norddeutschland drükken Eltern diese Beobachtung mit den Worten aus: »Er *sucht* seine Tracht Prügel«, und in Österreich spricht man in einer solchen Situation von »Watschen betteln«. Werden Kinder und Tiere in ihrer Motorik und Aggression nun aber konstant behindert, so entwickeln sie häufig aggressive Handlungen am eigenen Körper. So beschreibt z. B. Inhelder das Daumen-, Fuß- und Beinbeißen bei Mandrillmännchen als Ausdruck frustrierter Aggressionen. Auch Berkson stellt fest, daß die Manipulationen am eigenen Körper und die Stereotypien von Affen, mit denen er experimentierte, in geschlossenem Käfig wesentlich stärker waren als im Gehege, wo die Tiere ein großes Bewegungsfeld zur Verfügung hatten. Typischerweise ging im Gehege die Beschäftigung mit dem eigenen Körper zurück zugunsten eines stärkeren Interesses für die Dinge der Umgebung. Das ist abermals ein deutlicher Hinweis darauf, daß es den »ursprünglichen Autoerotismus« Freuds im Triebgeschehen bei diesen Tieren nicht gibt.

Auch Menschen verbringen ihre Kindheit nicht selten in einer Art geschlossenem Käfig. Sie werden in der frühen Kinderzeit für

Ungehorsam mit großer Bemühung viel und oft gestraft. Solche Kinder neigen häufig schon im Grundschulalter zu Jähzornsausbrüchen bei einer Haltung steif-braver Überkorrektheit, die eine Folge gezielter Gehorsamsdressur sind. Jähzorn als Folge von Aggressionshemmungen ist in der Neurosenliteratur häufig beschrieben worden. So schreibt Annemarie Dührssen:

»Manchmal sind solche Kinder allerdings neben der andressierten Gefügigkeit bereits früh gekennzeichnet durch gelegentliche, scheinbar sinnlose Wut- und Erregungsausbrüche, in denen sich die aufgestaute innere Erregung ein Abflußventil schafft.«[3]

Und Schwidder betont auf Grund langer klinischer Erfahrung als Psychoanalytiker: »Ausgedehntes Phantasieren von Gewalttätigkeiten, manchmal auch mit plötzlichen Gefühlsaufwallungen und Willkürdurchbrüchen scheint bei jeder zwangsneurotischen Strukturentwicklung eine Zeitlang vorzukommen.«[4]

Aggressionshemmungen entstehen bei Kindern interessanterweise nicht nur durch Einengungen, die sie im Alter von ein bis drei Jahren durch starke Dressuren auf Still- und Bravsein erleiden, sondern z. B. auch durch ein langes Festliegen in Krankenhäusern während dieser Zeit. Häufig sind diese Kinder dadurch gekennzeichnet, daß sie trotz ihrer Steifheit und Bravheit von einer nervösen Bewegungsunruhe beherrscht sind. Sie können oft bei Tisch nicht stillsitzen, sind mit den Händen in fahriger Dauerbewegung oder entwickeln einen Schulter- oder Gesichtstic. Solche motorischen Stereotypien ähneln in ihrer Struktur jener Bewegungsunruhe gefangener Lauftiere – wie etwa Wolf und Hyäne –, die ruhelos an ihren Käfigen entlangstreichen. Die Drosselung motorischer Impulse hat zu einem Durchbrechen des behinderten Antriebs und zu einem gesteigerten Drang nach Bewegung geführt. Wir würden in bezug auf das Kind sagen: Die Dressur zum unnatürlichen Stillsein, das den lebensnotwendigen Bedürfnissen des zwei- bis vierjährigen Kindes nicht entspricht, ist nicht vollständig geglückt, hat gewissermaßen eine undichte Stelle, an der der innere Antriebsdruck und die motorische Stauung sichtbar werden. Dichten die Erzieher unter Anwen-

3 A. Dührssen, a.a.O., S. 90.
4 W. Schwidder, Neoanalyse. 1959, S. 195.

dung von Strafen diese Stelle ab, so kommt es häufig zu anderen Pannen: Der gestaute Antrieb bricht explosionsartig aus. Das ist dann der Fall, wenn sich solche motorisch eingeengten Kinder plötzlich überschießend wild, ungebärdig und übertrieben waghalsig benehmen. Oft finden wir in ihrer Lebensgeschichte eine erhöhte Unfallhäufigkeit. Auch bei gefangenen Gazellen, diesen Lauftieren der Steppe, kennt man das plötzliche Ausbrechen in ein wildes Laufen, wobei sie sich häufig erhebliche Verletzungen zuziehen können. Zum typischen Erscheinungsbild eines Durchbruchs durch eine Aggressionshemmung gehören: gesteigerter Zerstörungsdrang oder gar blinde Zerstörungswut gegen indifferente Objekte oder Personen, hinterhältiges Angreifen und Ärgern von kleineren oder schwächeren Genossen. In diesem Zusammenhang wird deutlich, daß Aggressionen erst einen negativen Akzent erhalten, wenn sie durch einen Mangel an urtümlicher Befriedigung gestaut und verbogen werden.

Eine ähnliche *Befriedigung am Ersatzobjekt* beschreibt Lorenz bei Buntbarschen. Hat das Männchen keine Gelegenheit, vor der Verpaarung mit einem Rivalen zu kämpfen, so staut sich der Aggressionstrieb, wendet sich schließlich gegen das Weibchen, und er bringt es um.

Da die Zwangsneurose sich als Folge einer Aggressionshemmung einstellt, dürfen wir schließen, daß auch die Tobsuchtsanfälle solcher Menschen ein Anzeichen dafür sind, daß die Spannung des behinderten aggressiven Antriebes derart groß zu werden vermag, das sie im *Leerlauf* durchbricht. Aggressionsgehemmte Kinder können ausbrechen wie eine in die Enge getriebene Ratte, deren Reizschwelle sich so erniedrigt hat, daß sie dem Menschen ins Gesicht springt. Wir treffen hier wieder auf das Phänomen, daß das Objekt der Aggression mit steigendem Antriebsdruck immer inadäquater und schließlich sogar gänzlich belanglos wird. Die »blinde Wut« von Nilpferdbullen schildert z. B. eindrucksvoll Hediger. Im Zuge von Rivalitätskämpfen griffen die Tiere sogar ein Auto an.

Aber wie sollten Eltern den Sinn von Wutanfällen, dieser Leerlaufhandlungen des Aggressionstriebes, bei ihren Kindern verstehen? Für sie sind sie im allgemeinen ein Zeichen übelster Unarten, die schärfster Bestrafung bedürfen. Dressurbewußte Eltern pflegen in diesem Punkt zügig und verantwortungsbewußt mit Hilfe von

Strafen die unerträglichen Anfälle zu bekämpfen. Der Aggressionstrieb beginnt dann verbogene und verbiegende Wege zu gehen, wie wir sie bereits aus anderen Antriebsbereichen kennen. Zunächst werden solche Kinder still und brav. Die Behinderungsvorgänge über Jahre führen aber dazu, daß die Kinder allmählich in ihrer Motorik steif und in ihrem Phantasieleben dürftig werden. Sie werden sportliche Nieten. Statt dessen sammeln sie Briefmarken, und das ist nicht weniger aufschlußreich. Wir haben auch bei Tieren festgestellt, daß Hortungstendenzen dann auftreten, wenn die Tiere in ihrer frühen Kindheit zu wenig bekamen. Auch solchen Kindern wird zu wenig gegeben, von ihnen wird nur gefordert. Sie haben nie das Gefühl, Beschenkte zu sein. Sekundär treten besonders bei solchen Kindern starke Sammel- und Hortungstendenzen auf.

Aber wo bleiben dann die Aggressionstriebe? Werden sie total unterdrückt? Nein, im Gegenteil, die aggressive Antriebsspannung erhöht sich ständig. Aber sie zeigt sich jetzt nur noch verdeckt und verstümmelt, z. B. als Gesichtstic. Das Grimassieren solcher Kinder ist eine Erscheinung, die als Folge von Aggressionshemmungen auftritt. Und scheint es im Hinblick auf jene Fische, die, statt anzugreifen, ihre Nase in den Sand bohren, nicht des Fragens wert, ob die Ticerscheinungen des Menschen nicht auch verstümmelte, sog. Intentionsbewegungen sind einer Antriebshandlung, die nicht zustande kam? Entstammen Schulterzucken und Naseziehen nicht vielleicht einer erschrocken abgewehrten Geste des Protestes oder des Angriffs? Wir kennen solche Gesten als Zeichen des Angriffs oder der Verteidigung, ja der Verachtung als Zungeherausstrecken, als Schmollen, als Achselzucken, als Schnauben oder Zähneblecken, ja als Zähneknirschen und als Zusammenkneifen der Lider. Und auch bei Tieren sind solche Gesten zumindest als Begleiterscheinung der Wut und des Angriffs bekannt geworden. So reißen z. B. Flußpferde, die in eine Situation zwischen Flucht und Angriff gedrängt werden, das Maul auf. Ich habe einmal einen extrem überbraven Knaben in meiner Praxis untersuchen müssen, der bei völlig verarmter Motorik in kurzen Abständen schnaufen mußte wie ein angreifender Stier in der Arena! Viele solcher aggressionsgehemmten Menschen finden im Ordnen, Waschen und Putzen eine Teilentlastung ihres gestauten verdrängten Aggressionstriebes. Auch bei jenem Jungen waren Übersprunghandlungen dieser Art im Begriff, sich als Stereotypie einzuschleifen.

Ähnlich stereotype Badezeremonien beschreibt Lind 1959 bei Enten. Diesen waren im Zoo die Flügel gestutzt worden. Sie badeten regelmäßig ausgiebig, nachdem sie vergeblich versucht hatten, vom Wasser aufzufliegen.

Wie weit ein Kind solchen einengenden Dressurmaßnahmen unterliegt, wie weit der Aggressionstrieb im Einzelschicksal verstümmelt werden kann, das hängt davon ab, wieviel angeborene Vitalstärke das Kind mitbringt, ob seine Säuglingszeit gesund verlief, wann die Dressur einsetzte und wie lange sie mit der gleichen Bemühtheit weitergeführt wurde. Jüngere Geschwister lassen sich meist weniger leicht »ducken« als ältere, weil die Bemühungen der Eltern nachgelassen haben. Dadurch sind die Kinder in der Phase des Schutzsuchens nicht so sehr an die Mutter gebunden worden, und außerdem pflegt die Strenge der Gehorsamsforderungen bei Eltern ebenfalls allmählich nachzulassen. Die zweiten und dritten Kinder solcher Eltern sind daher oft nicht still, sondern hyperaggressiv. Der Dressurvorgang ist nicht so vollständig gelungen. Daher gleichen diese Kinder gewissermaßen einer Dressur zum bissigen Hund. Aber ihre Entwicklung ist ebenfalls ungünstig, weil sie durch ihre Ungebärdigkeit mit der Umwelt in Konflikt geraten, so daß sich ein ähnlicher Teufelskreis anbahnen kann wie bei den bereits früher geschilderten Kindern.

Ähnlich wie bei den Diebstählen aus unbewußten Motiven ist die Hyperaggressivität des Kindes oft ein Zeichen dafür, daß der aggressive Antrieb im Stadium des Entfaltungsbeginns so sehr Not litt und so wenig und selten dazu kam, sein Antriebsziel zu erreichen, daß er jetzt stereotypierend am primären Antriebsobjekt, im Dauertrotz gegen die Eltern, hängenbleibt. Im Teufelskreis von Angriff und Strafe steigert sich der Antriebsdruck und greift schließlich auch auf andere Objekte über. An dieser Stelle erhellt sich das Phänomen, daß Kinder, die im Elternhaus überstark eingeengt und brav gemacht sind, in der Schule grobe Störer sein können, ja, daß sie noch im Erwachsenenalter Schwankende bleiben zwischen Übergefügigkeit und gesteigerter Aggressivität. Der Typ des »Radfahrers« entspricht so einem krankverbogenen Antrieb. Der sadistische

Abteilungsleiter bleibt deshalb ein immer gespannter, an den Aggressionstrieb gefesselter Mensch, weil ihm die Möglichkeit, sich an einem stärkeren Widerpart zu messen, durch Angst verbaut ist. Das Tätigen des Antriebes an dem Untergebenen sättigt aber den Drang nicht ab, so daß neue Entwicklungsstufen nicht erklommen werden können, denn die Untergebenen gleichen den jüngeren Geschwistern und sind damit kein adäquates Antriebsobjekt. Nach dem Gesetz der Stereotypie erhöht sich daher sehr schnell nach solchen Entlastungen die Antriebsspannung neu.

Wie gefährlich es ist zu verhindern, daß ein Kind seine Aggressionsphase am adäquaten Objekt durchlebt, wird auch immer wieder an der Tatsache deutlich, daß der »Radfahrertyp« in extremen Fällen zum Affektmörder werden kann. Ähnlich wie das Buntbarschmännchen, das keinen Rivalen hat, sein Weibchen tötet, kann auch beim Menschen der gestaute Aggressionstrieb zum Totschlag führen, und zwar um so leichter, je weniger Bindungsfähigkeit der Mensch aus seiner frühen Kindheit mitbringt. Der zwanghafte Sadist bezieht seinen Impetus zum Quälen und Morden aus einem in frühen Jahren nicht genug getätigten oder gewaltsam unterdrückten Aggressionstrieb. Die Untersuchungen von Berelson und des Ehepaares Glueck in den USA haben aufschlußreiches statistisches Material darüber erbracht, wie sehr auch die Straffälligkeit bei Jungen mit den Prügeln korreliert, die sie bezogen.

Eine kollektive Prügelerziehung der kleinen Kinder ist daher einer der stärksten kriegsfördernden Faktoren; denn abgesehen davon, daß sie Antriebsbefriedigungen verhindert, steigert sie reaktiv die Aggressivität in einer Weise, die sowohl für das Kollektiv als auch für das Individuum im höchsten Maße gefährlichen Sprengstoff darstellt.

Daß Hyperaggressivität als Lebensverteidigung gegen eine als existentiell behindernde Mutter in Erscheinung treten kann, hat mir ein Sechsjähriger in seinem Spiel mit dem Scenokasten neulich eindrucksvoll demonstriert. Er stellte einen Baum auf und umbaute diesen sorgfältig mit Bausteinen, bis nur noch die Krone sichtbar war. Dann stellte er die Kuh an den Baum und sagte: »Die oberen Zweige kann die dumme Kuh ja gern abfressen, das schadet ja nichts, die wachsen wieder nach.« Es war derselbe Junge, der beim

Erstgespräch mit seiner Mutter, der Frau eines hohen Beamten, ihr plötzlich und unvermittelt beide Beine in den Bauch stemmte und schrie: »Nun mach schon, du Arschloch!«

Man kann, wie wir sehen, durch falsches Dressieren nicht nur die Pferde und Hunde »unbrauchbar machen«. Auch bei Kindern gelingt das – und vermutlich sogar leichter und in einer gefährlicheren Weise.

Ich hoffe, hinreichend deutlich gemacht zu haben, daß die Hyperaggressivität von Kindern, die von stark einengenden oder zu sehr beschützenden Müttern erzogen wurden, einen deutlich anderen Akzent trägt als die von Heimkindern. Während das Mutterkind wütend und im Grunde unglücklich an den Fesseln zerrt, die seine Entfaltung behindern, schießt das Heimkind über seine Grenzen, weil ihm die Bindung fehlt. Kein Band und infolgedessen kein Gewissen hindert es, kaputt zu machen, was ihm in die Quere kommt. Wenn man diesen Heimkindern in der Pflegefamilie und in der Schule dann die Aggressionen drosselt, können sie sich zu furchtbaren späteren Folgen stauen: denn nur die Bindung bewirkt die Tötungshemmung – nicht die Angst vor der Strafe oder die Gesetzestafel! Hierauf beruht die Tatsache, daß Mörder so häufig »Fürsorgezöglinge« sind.

Wie bereits in anderen Antriebsbereichen deutlich gemacht worden ist, erwirbt der Mensch durch hinreichende Antriebsbefriedigungen, durch das Tätigen aggressiver Handlungen eine Funktionsfähigkeit, die nicht an das ursprüngliche Antriebsobjekt gebunden bleibt. Das heißt für den Aggressionstrieb: Ein Mensch, der seine Trotzphase befriedigend vollzogen hat, hat auch später die Möglichkeiten zu verteidigen, was immer es zu verteidigen gibt. Er kann sich durchsetzen gegen seine Klassenkameraden, er kann sich einen Rang erkämpfen, er kann seinen Rivalen im Kampf um ein begehrenswertes Mädchen mattsetzen. Und auf diesem Boden einer ersten gesunden Trotzphase gelingt ihm die weit schwerere: die Ablösung von den Eltern in der Pubertät. Und auch alle späteren Ablösungsversuche, die im Erwachsenenalter seiner harren, bis zur Ablösung von expansiven Lebenserfüllungen im Alter, können nur vollzogen werden mit dieser so früh erworbenen Funktionsfähigkeit des Kämpfens und Verteidigens, der Fähigkeit zur Selbstgestaltung.

Wir wissen das deshalb so genau, weil auf dem Boden der Psychoanalyse die Lebensschicksale von zwangsneurotischen Charakteren hinreichend studiert worden sind. Und diese Erkenntnisse verifizierten sich auch daran, daß es zu echten Antriebsstauungen auch bei jenen bedauernswerten Kindern kommt, die in ihrer frühen Kindheit gar keine Möglichkeit dazu hatten, sich in der Trotzphase ihre Selbständigkeit handelnd zu erkämpfen. Ich meine damit jene Kinder, denen durch die Fehlvorstellung ihrer Erzieher, daß Aggression allein reaktiv entstünde, prinzipiell alles erlaubt wird. Solche »nicht frustrierten« Kinder zeigen schon nach wenigen Jahren eine Haltung chronisch übersteigerter Aggressivität und wütend geforderter Riesenansprüche als eine Folge der Not, daß sich ihnen das »rechtmäßige« Antriebsobjekt konstant entzog.

Aber auch Kinder, die durch ein körperliches Leiden gezwungen waren, jahrelang zu liegen, und die in ihrer Motorik durch angeborene Leiden weitgehend behindert waren, zeigen häufig Aggressionshemmungen. Spastiker, Schiefhälse, angeborenerweise Gehbehinderte haben deshalb sekundär so häufig eine zwangsneurotische Struktur, weil der Konfliktbereich zwischen Mutter und Kind durch das Leiden nicht recht in Erscheinung trat und die Betätigungen am Primärobjekt damit ausfielen. In solchen Fällen atrophiert die Funktion und bewirkt eine Unfähigkeit zu handeln, wodurch der Antrieb sich staut, so daß Ersatzventile und Fehlverhaltensweisen entstehen. Nichts ist geeigneter, das Bestehen der uralten Vitaltriebe auch im Menschen zu beweisen, als solche sekundären Charakterverbiegungen.

Ich möchte das eben Gesagte noch an einem Fall von Hüftgelenksluxation erläutern:

Nach einer normalen Geburt wurde bei einem kleinen Mädchen ein solches Leiden festgestellt, als es im Alter von acht Monaten begann, sich aufzurichten und zu laufen. Die Erkrankung führte das Kind zunächst sechs Wochen und nach zwei Monaten abermals für sechs Wochen ins Krankenhaus. Danach mußte es weiterhin liegen. Im Alter von zweieinhalb Jahren durfte es erste Laufschritte machen. Die Mutter berichtet, daß sich nach dem Krankenhausaufenthalt die Entwicklung weitgehend verzögert habe. Claudia gibt kaum Lautäußerungen von sich, der Wortschatz ist infolgedessen wenig entwickelt. Sie leidet typischerweise außerdem an asthmatischen Bronchitiden.

Aber wir sehen solch eine Atrophie der Funktion bei gleichzeitigen Stauungen und Verbiegungen des Aggressionstriebes nicht nur, wenn die Betätigung der Motorik ausfällt oder wenn der Antrieb an die Barriere elterlicher Verbote stößt. Wir sehen sie bezeichnenderweise auch dann, wenn die Mutter dem Kind zuviel Schutz bietet, wenn sie es mit bergender Mütterlichkeit zuschüttet, weich vergewaltigt. Auf diese sog. »Overprotection« und ihre Folgen ist in der psychoanalytischen Literatur vielfältig hingewiesen worden (s. Schwidder, Riemann, Neumann, Dührssen u. a.). Solche zuviel geliebten Kinder sind konsequenterweise von einer übersteigerten Übergewissenhaftigkeit. Aber dieses ihr Verantwortungsgefühl ist einseitig verzerrt. Sie können schließlich nicht mehr handeln, weil sie an ihrer Gründlichkeit und Genauigkeit scheitern, ja ihre Bindung an die Mutter ist so groß, daß es ihnen nicht mehr gelingt, die Mutter auch nur für Augenblicke zu verlassen. Sie werden auf diese Weise hochgradig unsozial. Eine sehr schöne Studie hat auch Harlow zu diesem Problem an Affen unternommen: Affenkinder, die einzeln und ohne Mitgeschwister bei ihrer Mutter aufwachsen, sind als ausgewachsene Tiere fast so unbeholfen im sozialen Kontakt wie Tiere, die ihre Jugend gänzlich isoliert verbrachten.

Kinder mit einem hypertrophen Gewissen und einer hypertrophen Bindung an die Mutter und einer atrophierten Funktion des Verteidigens entwickeln häufig schwere Störungen, die lebenslänglich und lebensgefährlich sein können. Zwei Fälle sollen das beleuchten:

Eine selbstunsichere Frau hatte ihr drittes Kind nur mit innerem Widerstreben ausgetragen. Als es geboren wurde, war sie »todunglücklich« darüber, daß es – wie die beiden älteren – ein Mädchen war. Nach einer anfänglichen Phase der Gleichgültigkeit gegen das Kind, in der es viel schreien mußte, begann die Mutter, die sich schließlich selbst verurteilte wegen dieser ihrer Abneigung gegen das Kind, in einer übertriebenen Weise zu versuchen, dem Kind dennoch »zu seinem Recht zu verhelfen«. Das sah in der Wirklichkeit so aus, daß sie es, als es zu laufen begann, überängstlich beschützte, es nie aus den Augen, ja kaum einmal von der Hand ließ. Das Kind entwickelte bald eine übersteigerte Angst vor allem Fremden, während seine geistigen Fähigkeiten sich typischerweise erstaunlich gut ausbildeten. Als das Kind in die Schule kam, begann sich jeden Morgen ein Drama in der Familie abzuspielen. Obgleich das Mädchen seine Schulaufgaben mit einer Präzision ausführte, die die Lehrerin entzückte, fürchtete es dennoch, den Anforderungen in der Schule nicht gewachsen zu sein. Es hatte Angst, keine Eins zu bekommen, es fürchtete sich vor den Kameraden, gegen die es sich nicht verteidigen konnte, es wollte überhaupt bei der Mutter bleiben. Schließlich saß das Kind – den Schulbesuch verweigernd – nur noch daumenlutschend in einer Zimmerecke und verkroch sich hinter seinen Armen, wenn ein Fremder kam. Der Anblick glich in einer erstaunlichen Weise jenen von frühauf sozial behinderten Affen, wie Mason sie beschreibt. Auch diese Affen kriechen in einem fremden Raum in eine Ecke, lutschen am Daumen oder an der Zehe und verschränken ihre Arme um den Kopf.

Wenn diese Mutter zaghaft versuchte, gegen das Verharren und gegen das Fehlen in der Schule Einspruch zu erheben, machte die Siebenjährige wirkungsvolle Erpressungsversuche. Sie schrie: »Ihr seid grausam, ihr quält mich, ihr seid Kindermörder. Ich geh' jetzt nach oben und spring' vom Balkon, dann braucht ihr nur noch einen Kranz für den Friedhof zu kaufen!« Oder sie riß ein Kartoffelschälmesser aus der Schublade, richtete es mit wildem Gesichtsausdruck gegen ihre Brust und schrie: »Gleich stoß' ich zu, dann könnt ihr sehen, wohin ihr mich gebracht habt!«

Es ist für solche Kinder, deren Aggressionstrieb nur noch als erpresserische Selbstmorddrohung durchzubrechen vermag, weil die Funktion nicht getätigt ist, typisch, daß ihr Protest gegen die Mutter sich als passiver Widerstand in einer Ablehnung oder extremen Einschränkung der Nahrungsaufnahme zeigt, so daß sie klein bleiben, dürftig und mager werden. Da die überbesorgte Mutter bald auf diesem Sektor zusätzlich drängend wird, schleift sich der Protest vor allem deshalb ein, weil wenigstens in diesem Bereich die Mutter die Rolle des Widerparts übernimmt. In extremen Fällen kommt es auf diesem Wege zu einem chronischen Erbrechen und einer Anorexia nervosa, die lebensbedrohliche Formen annehmen kann.

So wurde mir jüngst aus dem Krankenhaus ein siebenjähriges Mädchen geschickt, das bei seiner Einweisung vor Entkräftung nicht mehr hatte stehen können. Das Kind war von seiner Mutter drei Jahre lang gestillt worden. Noch während einer erneuten Schwangerschaft der Mutter und weiter nach der Geburt des Geschwisters war das Kind nicht abgestillt worden. Nur die schweren Zustände chronischen Erbrechens hatten dieser zu langen Stillperiode ein Ende gemacht. Das Mädchen war – obgleich einfacher Leute Kind – in seiner intellektuellen Entwicklung weit über dem Durchschnitt seiner Altersgenossen, trug aber bei Behandlungsbeginn eine übersteigert fremdelnde Ängstlichkeit zur Schau.

Erst ein langes Üben des Aggressionstriebes verbunden mit einer langfristigen Trennung von ihren Müttern konnte diese beiden Kinder schließlich wieder lebensfähig machen.

Diese Erfahrungen finden in den Beobachtungen von A. Rasa an jungen Damselfischen eine bemerkenswerte Parallele. Finden diese kleinen Korallenbarsche keinen Gegner, obgleich sie ihn suchen, so gerät ihr ganzes Triebgefüge aus dem Gleichgewicht. Sie verfallen dann psychologisch und physiologisch in einen »untererregten« Zustand, aus dem sie nur durch das Anbieten eines Gegners wieder in den Normalzustand zu bringen sind.

Was geschieht, wenn man Ratten, diese Tierspezies mit einem angeborenermaßen hohen aggressiven Triebpotential, festbindet und an Handlungsvollzügen behindert? Sie bekommen innerhalb von vierundzwanzig Stunden ein Magengeschwür. Der Antrieb, dem die Möglichkeit zur Betätigung und Ersatzbetätigung rigoros genommen wird, »konvertiert in den Körper«, wird zu einer Funktionsstörung. Auch Menschen, die es nicht gelernt haben, ihren Besitz zu verteidigen, neigen dazu, Magengeschwüre zu bekommen, freilich nach übereinstimmenden Untersuchungen nur dann, wenn der Mangel zur Besitzverteidigung auf dem Boden einer oralen Schädigung erwächst – und das ist häufig der Fall. Denn es ist ja meist dieselbe Mutter, die mit derselben Härte, mit der sie den Säugling schreien ließ, jetzt, in der Trotzphase, weitere Versagungen hinzufügt. Das ist im tragischen Circulus vitiosus doppelt der Fall, wenn das kleine Kind mit seiner übersteigerten oralen Bedürfnisspannung jetzt lärmend seine Besitzwünsche ertrotzen will! Schwidder schreibt dazu:

»Obwohl es verschiedenartige Ausprägungen der Persönlichkeit gibt, läßt sich eine übereinstimmende Beobachtung an allen Ulcuskranken machen: Sie sind nicht in der Lage, innere Konflikte ihres Besitz- und Geltungsstrebens autonom mit Vernunft und innerer Abstandnahme zu bewältigen. Keiner meiner Patienten hatte in der Kindheit gelernt, seine Besitzwünsche adäquat durchzusetzen oder auf sie zu verzichten. Meist kam es zu einem oberflächlichen, durch Ideologien verbrämten Verzicht, deren Sprengstücke habgieriger Wünsche zu einer ständigen Beunruhigung werden, zu einem Spannungszustand führen, der nicht gelöst werden kann, da die Herkunft der Sprengstücke nach langer eingeübter Verdrängung nicht mehr bewußt wird. Es entwickelt sich eine depressive Charakterstruktur, die überkompensiert wird, insbesondere werden die oralen Erlebnislücken sekundär entstellt. Zur Strukturentwicklung gehört es, daß sich gegenüber den oralen Wünschen eine starke Ambivalenz entwickelt, daß bei weitgehender Genußunfähigkeit Leistungsdressate, eine Pseudo-Ichstärke mit hohen Anforderungen an sich selbst zur Ausbildung kommen. Weiterhin entwickeln sich, gewissermaßen als Schutz gegen den bewußten Willen, retentive Haltungen, die m. E. der von Glatzel beobachteten verminderten Ausdrucksfähigkeit entsprechen. Im mitmenschlichen Erleben zeigen sich Ungeduld, latenter Neid auf sozial Bessergestellte, hochgespannte Erwartungen hinsichtlich einer mütterlichen bergenden Atmosphäre, eine Neigung, sich da zurückzuziehen, wo man nicht in irgendeiner Weise etwas profitieren kann, mit häufigen Enttäuschtheits- und Ärgerreaktionen.«[5]

Die psychosomatischen Funktionsstörungen, die besonders häufig auf dem Boden von Aggressionshemmungen entstehen, sind Darmstörungen und Störungen der Atemwege. Die ersten stehen meist in Beziehung zu einer fehlerhaft vollzogenen Sauberkeitsgewöhnung, die auf dem Wege über den bedingten Reflex den Akzent

5 W. Schwidder, Psychosomatik und Psychotherapie bei Störungen und Erkrankungen des Verdauungstraktes. Basel 1965.

des Besitzverlustes erhielt. Diese Störungen sollen aber in diesem Zusammenhang nur erwähnt werden, weil es nicht gelang, vergleichbares Material ausfindig zu machen – begreiflicherweise, weil überhaupt nur wenige domestizierte Tiere zur Sauberkeit erzogen werden und weil ihre Instinkthandlungen auf dem Boden des Aggressionstriebes meist erst im Erwachsenenalter Ernstcharakter bekommen. Weil im Gegensatz dazu die aggressiven Handlungen schon des kleinen Kindes den Charakter eines Ernstverhaltens tragen, d. h. weil das Geschehen in dieser Phase für den Menschen einen lebensnotwendigen Wert hat, nur deshalb kann die in diese Zeit fallende fehlerhafte Sauberkeitsgewöhnung einen schädigenden Effekt zeitigen. Über den Weg des bedingten Reflexes werden die Forderungen zur Kot- und Urinabgabe verknüpft mit dem allgemeinen Empfinden des Kindes, nichts für sich behalten zu dürfen, keinen eigenen Willen haben zu dürfen, keine Luft zum Atmen zu haben. Es ist deshalb gewiß kein Zufall, daß bei Funktionsstörungen auch der Atmungsorgane gleichzeitig ausgedehnte Aggressionshemmungen und Störungen im Besitzverhalten gefunden werden (s. auch Jores, Schwidder, Dührssen, Alexander u. a.).

### *3. Probleme der Therapie*

Man kann einen Nashornbullen, der sein Horn im Käfig stereotyp abscheuert, dadurch heilen, daß man ihm einen schweren Ball zur Verfügung stellt, mit dem er hornstoßend durch sein Territorium tollt. Man kann ein Kind, das an einer Aggressionshemmung leidet, dadurch heilen, daß man mit ihm Fußball spielt, mit ihm Bogen schießt, mit ihm Töpfe zertrümmert, mit ihm boxt und Schwertkämpfe veranstaltet. Aber man überschätze – das sei auch an dieser Stelle noch einmal wiederholt – nicht den Wert der Sachobjekte in der Kinderpsychotherapie. Sie haben zwar einen triebentlastenden Wert, führen aber, wie alle Antriebsbefriedigungen an Ersatzobjekten, zu einer rascheren Erneuerung der Antriebsspannung, zu einer schnelleren Reizschwellenerniedrigung. Der heilende Effekt liegt auch bei der Therapie der Aggressionshemmung im Gegensatz zum Tier im Einsatz des mitagierenden Menschen. Er hat die Aufgabe, die bei dieser Störung unangemessen starken Schuldgefühle zu entlasten, die Erlebnisbehinderung des aggressiven Antriebsgeschehens und deren eventuelle Folgeerscheinungen aufzuheben. Er muß die Rolle jener Person übernehmen, die bisher verhinderte, daß die Phase der »handelnden Weltbewältigung« befriedigend vollzogen werden konnte. Er muß die Rolle des Widerparts einnehmen, der im fairen Kampf danach trachtet zu gewinnen, der sich aber auch besiegen lassen können muß, der das selbständige Handeln gewährt und die Einhaltung unumstößlicher Grenzen fordert. Das bedeutet ein schweres und kunstreiches Jonglieren auf dem hohen Seil des richtigen Maßes – für den Therapeuten, der den Kranken heilen soll, noch mehr als für eine Mutter mit ihrem gesunden Kind in der Trotzphase.

### 4. *Zusammenfassung*

Wir wollen vorläufig zusammenstellen, was uns über die biologischen Gesetze der Störungen des Aggressionstriebes einsichtig wurde.

1. Weil der Aggressionstrieb ein endogener Drang ist, der eine abstoßende Funktion hat, zeigen sich bei Kindern und Tieren gleichartige Störungen, wenn er behindert wird.

2. Übersteigerte Bewegungsunruhe ist das Anzeichen eines überhöhten Antriebsdruckes, einer gesteigerten *Appetenz*.

3. Eine große, gleichartige Formenfülle zeigen Menschen und Tiere bei jenen Störungen, die auf eine *Befriedigung am Ersatzobjekt* ausweichen, vor allem bei den Manipulationen am eigenen Körper.

4. *Übersprunghandlungen* sind die Domäne der Störungen des Aggressionstriebes. Die Zwangshandlungen der Zwangsneurotiker tragen den Charakter von Handlungen aus einem anderen Funktionskreis, im Widerstreit zwischen Angriff und Flucht genauso wie das Picken, Putzen, Schütteln, Gähnen von Tieren, deren eigentliche Antriebshandlung nicht zum Zuge kam. Beim Menschen zeigen sich solche Intentionsbewegungen als Rudimente verstümmelter Wutgebärden, vor allem im Tic.

Übrigens ist auch das Stottern, das oft auf dem Boden einer Aggressionshemmung entsteht, vermutlich so eine »Intentionsbewegung«, d. h. also ein verstümmelter aggressiver Impuls, der nicht zustande gekommen ist. Es ist einleuchtend, daß auch auf dem Gebiet der Sprache Funktionsstörungen in Erscheinung treten, da der Mensch ja auch mit Hilfe der Sprache die Möglichkeit hat, Aggressionen zu äußern. Daher finden wir in den Anamnesen von Stotterern häufig massive Behinderungen aggressiver Sprachäußerungen und Impulse zu spontaner, eigenständiger Aktivität in der frühen Kindheit.

5. Es ist gelegentlich mit Hilfe von Experimenten sogar gelungen, zu verifizieren, daß die rigorose Behinderung von motorischen und aggressiven Handlungen bei Tieren *organische Veränderungen* und schwere Funktionsstörungen hervorrufen kann von der Art, wie sie als Folge einer zwangsneurotischen Strukturentwicklung beim Menschen häufig beschrieben worden sind.

6. Die Bedeutung und das Schicksal des Aggressionstriebes in der Ontogenese bei Menschen und Tieren ist offensichtlich verschieden. Den meisten Aggressionen von jungen Tieren wohnt kein Ernstcharakter inne. Die eigentliche Instinkthandlung findet ihr Antriebsobjekt erst im Erwachsenenalter und hat dann Verteidigungscharakter im Dienst von Lebens- und Arterhaltung. Sie mündet ein in einen starren Instinktmechanismus. Der Aggressionstrieb des kleinen Kindes hingegen findet in der Mutter ein erstes primäres Antriebsobjekt mit Ernstcharakter, weil ihm die Eigengestaltung seines Lebens, ja die Entfaltung seiner schöpferischen Fähigkeiten nur gelingt, wenn es die Ablösung aus der Urgemeinschaft vollzieht. Ja, diese erste Ablösung ist überhaupt erst die Voraussetzung dafür, daß der Mensch ein »Werdender« bleiben kann, im Gegensatz zum Tier. Denn erst die befriedigend vollzogene Ablösung macht eine Generalisation der Triebobjekte möglich. Der Mensch kann auf dieser Basis immer neue Stufen der Eigengestaltung erklimmen. Voraussetzung ist freilich, daß sich die zwei »Partialtriebe« der Säuglingszeit dem Aggressionstrieb zugesellt haben. Ohne den oralen Antrieb kann der Mensch nichts erwerben, ohne den intentionalen sich nicht neugierig interessieren, und aus seiner ursprünglichen Bindung an die Mutter erwächst ihm die Möglich-

keit zur sittlichen Verantwortung, die die notwendigen Grenzen setzt. Gelingt dem Menschen diese Ablösung nicht, bleibt er starrer als das Tier ein Opfer seiner »unbewältigten Vergangenheit«. Seine Handlungen bleiben aggressions- und besitzgetönt, weil die Antriebsspannung chronisch erhöht ist. Seinen »Antriebsobjekten« wohnt nicht der Inhalt einer neuen Entfaltungsebene inne, sondern sie bleiben »Übertragungen« der einst hindernden Person. Die Bezugspersonen solcher Neurotiker werden, ohne daß beide es wissen, in die Rolle der Mutter gedrängt mit dem immer wieder erneuerten und immer wieder fehlschlagenden Versuch, an ihr heil zu werden von dem Tantalusfluch, der über das Leben der in dieser Weise seelisch behinderten Menschen verhängt ist.

Deshalb kann

7. die Therapie solcher Störungen grundsätzlich und im Gegensatz zur Psychotherapie von Tieren nur am Menschen erfolgen, am Therapeuten, der entbindet zur Freiheit und einem gerüttelt Maß an Aggression, der es aber nicht versäumt, Widerpart und Grenzwächter zu sein!

# V. Das sexuelle Antriebsgeschehen und seine Störungen

Der Lehrer einer ländlichen Realschule ruft mich an. Er habe in seiner 10. Klasse einen Schüler, der ihm Kummer mache. Der Junge sei hochbegabt, er, der Lehrer, habe ihn von der 1. Klasse an unterrichtet. Seine Leistungen hätten immer weit über dem Klassendurchschnitt gelegen, und es sei beschlossene Sache gewesen, daß er nach dem Abschluß dort eine Oberschule besuchen würde. Nun aber hätte sich in der letzten Zeit mehr und mehr und schließlich ein vollständiges Leistungsversagen eingestellt, ohne daß der Grund dafür erkennbar sei. Der Junge sei im Unterricht stumpf und unkonzentriert, er käme bleich und abgehetzt in die Schule, ja in der letzten Zeit fehle er immer wieder für ein oder zwei Tage. Die Mutter, die er, der Klassenlehrer, einbestellt habe, könne sich auch keinen Vers daraus machen. Sie meinte nur, ihr Sohn schliefe so sehr schlecht und könne dann am Morgen nicht aufstehen. Oft mache er des Nachts Spaziergänge. Im Einvernehmen mit der Mutter bittet der Lehrer um einen Termin für seinen Schützling.

Der Junge, ein etwas untersetzter Sechzehnjähriger, hat ein höfliches, gewandtes Auftreten – aber sein glattes Gesicht ist wie mit einer Maske überzogen, durch die nur die unruhig flackernden Augen hindurchschauen. Trotz der Konzilianz an seiner Oberfläche sieht man auf eine Wand von Abweisung, Widerstand und sprungbereiter Abwehr.

Auch Helmuth weiß keinen Grund für sein Schulversagen zu nennen. Er fühle sich meist schlecht, sei gleichgültig und abgeschlagen, leide unter Übelkeit und vielerlei wechselnden körperlichen Schmerzen, aber die Ärzte könnten nichts finden. Er ist bereit, mit mir einige Tests durchzuführen.

Der Rorschachtest erhellt schlagartig die Problematik des Jungen. Die wesentlichen Antworten seien hier deswegen wiedergegeben:

Tier mit einem Schweinerüssel
Vulkanausbruch
Zwei Bären, die sich gegenseitig mit den Pfoten anstoßen

Fliegender Elefant mit Rüssel
Zwei Männer, aber was tun die?
Zwei gegeneinandergestellte Köpfe – wie bei den Römern
Totenkopf und Ansatz vom Knochen
Zwei Männer, die die Gesichter aneinanderpressen; sie müssen ganz spitze Nasen haben, die sie eng aneinanderdrücken
Zwei Tiere, die eine Stange hochhalten und sich dabei ansehen
Ausgedörrter Blumenstiel.

Als der Junge zum zweitenmal kommt, berichtet er mir einen Traum: Er sei durch einen Wald gegangen. Dort habe er eine elektrische Überlandleitung gesehen. Aus einem Mast seien Funken gesprüht, und er habe im Traum gedacht: Den darfst du nicht berühren – da ist Hochspannung drin.

Woran leidet dieser Junge? Für den Kundigen ist es nicht schwer, das zu erraten: Er steht unter einer übersteigerten sexuellen Spannung (siehe elektrische Hochspannung). Er erlebt sie als gefährlich (da darfst du nicht anfassen). Auch in den meisten Bildern des Tests kommen symbolisch sexuelle Inhalte zum Ausdruck, und das, obgleich der Junge krampfhaft darum bemüht ist, sein ganzes Sinnen und Trachten darauf gerichtet hat, »sich ja nichts anmerken zu lassen«. Nach einigen Stunden kann Helmuth sich dann auch überwinden, mitzuteilen, daß er alle seine Kraft darauf verwende, seinen Drang zu onanieren, zu bekämpfen. Freilich sei es schrecklich, daß ihm das nicht immer gelänge, daß er immer wieder rückfällig würde. Aber er habe es sich zum Ziel gesetzt, das zu schaffen, denn »auf diesem Gebiet könne er nichts werden«. Über die Gründe dafür kann der Junge zunächst keine Angaben machen – und obgleich uns der Rorschachtest darüber einige Hinweise gibt, wollen auch wir diese Frage erst in den Hintergrund stellen und uns zunächst über das Wesen der sexuellen Antriebsstörungen im Vergleich zum Tier Klarheit zu verschaffen versuchen.

### *1. Vom Wesen des Geschlechtstriebes*

Obgleich der Geschlechtstrieb des Menschen nichts spezifisch Menschliches ist, sondern eine allen höheren Lebewesen gleichermaßen zudiktierte Gegebenheit, ist es weitaus schwieriger und nur in wenigen Einzelheiten möglich, die Störungen des Geschlechtstriebes beim Menschen mit denen von Tieren zu vergleichen. Die Störungen des Geschlechtstriebes beim Menschen haben schon ganze Bibliotheken gefüllt, so vielfältig sind sie und so viele ungeklärte Rätsel geben sie den Forschern auf. Störungen des Geschlechtstriebes beim Tier sind aus dem Wildleben kaum je beschrieben worden. Und auch jene, die in jüngster Zeit von den Verhaltensforschern und Zookundigen im Experiment hervorgerufen worden sind, zeigen nicht sehr vielfältige, wenn auch aufschlußreiche Erscheinungsbilder. Worin müssen wir den Grund dafür suchen?

Das liegt vor allem daran, daß das Geschlechtsverhalten beim Menschen wohl auch ein Antriebsgeschehen ist, daß aber in dieses Geschehen vielfältige Lernprozesse eingeschaltet sind. Wenn beim Menschen die Geschlechtsorgane reifen, in der Pubertät, ist auch sein Großhirn bereits lange ausgebildet und hat in den zwölf bis vierzehn Jahren der Kindheit eine lange Übungszeit und eine Speicherung von Erfahrungen hinter sich, die Vergleichsmöglichkeiten mit dem Tier außerordentlich erschweren, ja wenn nicht unmöglich machen. Es scheint sogar fragwürdig, z. B. nur Vergleiche anzustellen zwischen erwachsenen Menschen, die lange Zeit in isolierter Gefangenschaft lebten, mit adulten Tieren, die man während ihrer Brunstzeit isoliert gefangenhält. Denn selbst in solchen Situationen hat der erwachsene einsichtige Mensch sehr viel mehr Möglichkeiten, den gestauten Geschlechtstrieb zu entlasten als etwa ein Tier in der gleichen Situation.

Dennoch erscheint es nicht unberechtigt anzunehmen, daß das sexuelle Antriebsgeschehen beim Menschen im Grunde dem gleichen Grundschema der Instinkthandlung folgt wie bei Tieren, in derselben Weise, wie wir das schon bei anderen Antriebsbereichen beschrieben haben. Auch beim Geschlechtstrieb ist die hormonale Reifung die Voraussetzung für die Auslösung eines diffusen Appetenzverhaltens. Die Antriebsfunktion besteht zunächst in Suchhandlungen. Sie werden gezielter, sobald an einem Antriebsobjekt bestimmte Merkmale als Auslöser gewirkt haben. Solche gezielten Werbehandlungen sind beim Tier durch vielfältige, artspezifisch verschiedene Zeremonien gekennzeichnet. Auch wir Menschen besitzen ein breites Repertoire solcher vorbereitenden Werbehandlungen.

Wenn wir nun in Rechnung stellen, daß der Mensch weitgehend in der Lage ist, den Ablauf solcher Handlungen mit dem Verstand zu steuern, abzuwandeln, zu variieren und zu unterbinden, so scheint das Grundmuster der Instinkthandlung trotzdem auch für ihn gültig zu bleiben. Wenden wir dieses Grundmuster für das sexuelle Antriebsgeschehen an, so kommen wir zu folgender Arbeitshypothese:

Auch die geschlechtsspezifische Instinkthandlung besteht aus zwei Akten, dem diffusen Teil der Reizsuche auf dem Boden endogener Antriebsspannung und den auf die Endhandlungen gerichteten Bestrebungen der Antriebsfunktion. Diese Antriebsfunktion wollen wir in diesem Zusammenhang als Drang, sich zu ergänzen, bezeichnen. Wir geben ihr in diesem Geschehen nicht von ungefähr diesen Namen. Es gehört nämlich zu der spezifischen Wesenheit dieser Funktion, daß sie bei gesund entwickelten Individuen grundsätzlich gerade auf *gegengeschlechtliche* Reizmerkmale antwortet. Subjektiv könnte man sagen: Gerade das »so ganz fremd und anders sein« wird als anziehend empfunden, weckt den Drang, sich zu nähern und zu kommunizieren. Das Antriebsobjekt – und das ist wichtig festzuhalten – ist *primär* in diesem Antriebsgeschehen der gegengeschlechtliche Partner. Antriebsziel ist – objektiv gesprochen – die Antriebsentspannung oder – subjektiv gesprochen – die Antriebsbefriedigung durch die Handlung des Kopulierens und der Orgasmus, der den somatischen Reizzustand entlastet. Es ist in diesem Zusammenhang nicht unwesentlich, festzustellen, daß zu einer vollständigen Antriebsentspannung vermutlich drei Voraussetzungen unabdingbar sind: Erstens der spezifische Reiz (Gegengeschlechtlichkeit des Antriebsobjekts), zweitens das sexuelle Erleben (Wahrnehmung, Gefühls- und zur Entspannung drängendes Antriebserleben) und drittens die sexuelle Handlung. Fällt eine dieser drei Vorbedingungen aus, erneuert sich vermutlich, wie bei dem Antrieb zur Nahrungsaufnahme, die Antriebsspannung sehr viel schneller, führt dadurch zu erneuter Reizsuche und kann eine chronische Antriebsspannung, eine chronische Reizschwellenerniedrigung auch hier hervorrufen. Würde sich diese Vorstellung als richtig erweisen, so wäre – das sei hier schon gesagt – endlich eine Erklärung dafür gefunden, warum so viele sexuell Perverse meist unbefriedigt bleiben und deshalb zu suchtartig Getriebenen werden. Um solche und ähnliche Störungen des Geschlechtstriebes vergleichend beschreiben und eventuell auch erklären zu können, haben wir den Versuch jener vorstehenden Arbeitshypothese unternommen. Anhand der Störungen des Geschlechtstriebes werden wir sie auf ihre Evidenz prüfen können.

Wir haben die Antriebsfunktionen als ein Sich-ergänzen-wollen bezeichnet, um damit deutlich zu machen, daß der Impuls primär auf den gegengeschlechtlichen Partner gerichtet zu sein scheint. Denn – und das ist uns Menschen keineswegs mehr selbstverständlich – die sexuelle Endhandlung steht ja im Dienst der Arterhaltung. Fortpflanzung ist nur auf dem Weg über gegengeschlechtliche Vereinigung möglich. Daß wir Menschen so leicht zu verwirren sind, diesen einfachen biologischen Tatbestand gelten zu lassen, liegt an einem interessanten Faktum: an der Tatsache nämlich, daß im Geschlechtsverhalten sich wohl die Endhandlung nach endogenen Mechanismen zu vollziehen scheint, daß aber das Erkennen des geschlechtsspezifischen Antriebsobjekts anscheinend erst im Laufe der kindlichen Entwicklung gelernt wird. Wir können das behaupten, weil die Tiefenpsychologen seit Freud mehrere Jahrzehnte lang darüber genug Material gesammelt haben. Diese Beobachtungen stimmen in einer geradezu verblüffenden Weise mit den jüngsten Ergebnissen der Verhaltensforscher überein. Wir wollen versuchen, ausführlich zu schildern, wie es dazu kam.

Merkwürdigerweise behaupten nämlich die Tiefenpsychologen seit Freud, daß der Geschlechtstrieb bereits in der Kindheit des Menschen wirksam sei. Wie kam man zu diesen zweifelhaften Behauptungen? Offensichtlich reifen die Geschlechtsorgane doch erst in der Pubertät, und erst in diesem Alter pflegen die Menschen zielgerichtete »Appetenz« auf gegengeschlechtliche Antriebsobjekte an sich selbst wahrzunehmen. Ist nicht vielleicht die Vorstellung Freuds doch eine spekulative Arbeitshypothese gewesen? Wie hat er sie überhaupt entwickelt? Nun, Freud hat bekanntlich seine Forschungen mit dem Studium der Hysterie begonnen, jener Verhaltensstörung, die sich um die Jahrhundertwende darin zeigte, daß sich vor allem Frauen schreiend und in konvulsivischen Zuckungen, dem sog. hysterischen Arc de circle, vor einer peinlich berührten Zuschauerschar auf dem Boden wälzten. Als Freud nun mit diesen Frauen eine Analyse durchführte, indem er die Anweisung gab, alles auszusprechen, was ihnen in den Sinn käme, stellte er fest, daß in ihren Phantasien und Vorstellungen ebenso sehr sexuelle Inhalte dominierten, wie wir es eben bei Helmuth sichtbar machen konnten. Häufig zeigte sich, daß hinter dieser, von den Patienten selbst abgelehnten Übersteigerung ein schreckauslösendes Erlebnis bereits aus der frühen Kindheit neu in die Erinnerung stieg, das sog. sexuelle Trauma. Es hatte anscheinend bewirkt, daß der Mensch alles Geschlechtliche abzulehnen begann, ja, daß es ihn erneut furchtbar erschreckte, wenn dieses Thema, durch innere oder äußere Reize bedingt, sich wieder hervorzudrängen wagte. Aber warum konnten diese Erlebnisse, die ja häufig nur in einer Zuschauerrolle bestanden, die Kinder so nachhaltig erschrecken? Müßten sie nicht nach dem Gesetz, daß ein Reiz wirkungslos bleibt, wenn der Antrieb noch nicht gereift ist, auf das kleine Kind ohne Eindruckskraft sein? Ist die Möglichkeit, in früher Kindheit so ein Trauma zu erwerben, nicht ein Beweis dafür, daß eine zumindest diffuse Wirksamkeit des Geschlechtstriebes in jener Frühphase bereits vorhanden sein müsse? Als Freud dieser Frage weiter nachging, entdeckte er, daß das Auftreten von Verdrängungen des Geschlechtstriebes im Erwachsenenalter zudem außerordentlich häufig verknüpft war mit spannungsgeladenen, schuldhaften oder ablehnenden Haltungen zum gleichgeschlechtlichen Elternteil und mit einer – oft geradezu erotisch getönten – Beziehung zum gegengeschlechtlichen Elternteil. Aus dieser Beobachtung entwickelte Freud seine berühmt gewordene und vielgeschmähte Theorie des Ödipuskomplexes. Sie besagt, daß jedes Kind in der sog. »ödipalen Phase«, der Fünfjährigkeit, normalerweise den Wunsch hege, mit dem gegengeschlechtlichen Elternteil zu kopulieren und den gleichgeschlechtlichen zu beseitigen. Beim kleinen Jungen nun führe die – oft reale – Kastrationsdrohung des Vaters zu einem Aufgeben des Triebwunsches und zu einer Introjektion der den Triebwunsch hemmenden Vaterangst. Daraus entwickle sich Gewissensangst und aus ihr das sog. »Über-Ich«, die Gewissensfunktion, die später Antriebshandlungen hemme. Wenn diese Herrschaft des Über-Ichs zu stark sei, käme es in der Pubertät nicht zu einer Befreiung vom väterlichen Druck, sondern zur Verdrängung sexueller Impulse. Diese bewirke die Hysterie, indem der verdrängte Antrieb als verschlüsseltes Ausdruckssymbol der eigentlich gewünschten Antriebshandlung wieder ans Tageslicht träte.

Dieser Ödipuskomplex ist für die Menschen der westlichen Kultur mehr als ein halbes Jahrhundert lang zu einer steinharten Nuß geworden. Aber trotz seiner Anstößigkeit gelang es auch den zahllosen Saulussen nicht, ihn zu überwinden. Woran liegt das? Das ist vor allem darin begründet, daß er, wenn man ehrlichen Herzens auszieht, das Gespenst des Ödipuskomplexes ad absurdum zu führen, um die Menschheit von einem abstrusen Verdacht zu reinigen, einem in der praktisch-psychotherapeutischen Arbeit auf Schritt und Tritt begegnet! Man begegnet in der Praxis den kleinen Buben, die Kasperle spielend den Prinzen die Königin heiraten lassen, nachdem der König vorher umgebracht ist, man darf mitagierend bei den kleinen Mädchen die Vaterrolle übernehmen, während sie selbst sich die Mutter nennen und dann mit dem Vater »in die Flitterwochen an die Ostsee fahren«.

Mögen diese Beispiele und die Praxis der Kinderpsychotherapie nun auch beweisen, daß es bei vielen Kindern sexuell getönte Impulse, ja auch Inzestwünsche gibt. Hat aber Freud auch recht, wenn er behauptet: »Der Wunsch, mit der Mutter ein Kind zu haben, fehlt nie beim Knaben, der Wunsch, vom Vater ein Kind zu bekommen, ist beim Mädchen konstant – und dies bei völliger Unfähigkeit, sich Klarheit über den Weg zu verschaffen, der zur Erfüllung dieser Wünsche führen kann.«? Läßt sich aus einer Beobachtung in der Psychopathologie des Kindes ein so grundsätzliches und absonderliches Gesetz für die normale Entwicklung des Kindes ableiten?

Davon, daß an der Tatsache der über Kreuz laufenden Eltern-Kind-Beziehung im Normalfall »etwas dran ist«, wird man sich jederzeit vielfältig überzeugen können: Mütter haben häufig eine größere Vorliebe für ihre Söhne, Väter für ihre Töchter, Söhne suchen sich ihre Frauen häufig nach Merkmalen aus, die sie an die geliebte Mutter erinnern – oder sie suchen zumindest jene Atmosphäre wieder, die in ihnen wachruft, was jene ausstrahlte. Und auch bei der Partnerwahl der Töchter spielen häufig versteckte Gefühlsregungen mit, die mit einem guten Vater verknüpft sind.

Bei der Schwierigkeit, für diese Gegebenheiten eine brauchbare Erklärung zu finden, kann eine Beachtung der jüngsten Ergebnisse der Verhaltensforschung von klärendem Wert sein.

K. Lorenz hat herausgefunden, daß es Instinkthandlungen gibt, die zwar in ihrer Motorik und in ihrem Ablauf angeboren sind, daß aber die Objekte, auf die sich die Handlungen richten, erst kennengelernt werden müssen. Bei der Nachfolgereaktion haben wir bereits einmal so einen Vorgang ausführlich besprochen. Entscheidend in diesem Zusammenhang ist nun Konrad Lorenz' Entdeckung, daß dieses Lernen der Objektwahl häufig viel früher erfolgt, als die Handlung möglich wird, für die sie bestimmt ist. Ja, häufig geschieht dieses Lernen in einem anderen Funktionskreis als dem, für den es verwendbar ist. Bei Entenvögeln besteht ein solches Phänomen. Sie haben eine »sensible Phase« in ihrer frühen Kindheit, und zwar zu einer Zeit, in der zielgerichtete Sexualität noch keineswegs ausgebildet ist. In ihr wird durch einen Prägungsvorgang die spätere Partnerschaftsrolle festgelegt. Und zwar findet die junge Ente diese Rolle durch das tägliche Zusammenhocken mit ihrem Elternkumpan! Es handelt sich bei diesen normalen Enten also keineswegs um einen Ödipuskomplex auf der Minnesangsebene, sondern um das Erwerben eines Erkennungsmerkmals, das verhindert, daß die Ente sich später einen falschen, nicht artgemäßen Partner aussucht. Der in die Instinkthandlungskette eingeschaltete Prägungsvorgang steht im Dienst der Arterhaltung. F. Schutz ist es gelungen, Enten auf eine fremde Art zu prägen dadurch, daß sie mit einer fremdartigen Mutter aufwuchsen. Er hat die Beobachtung von Lorenz dadurch erweitert, daß er geschlechtliche Reaktionen von Erpeln durch frühkindliche Prägung auf Vertreter des eigenen Geschlechts fixierte. Das führte dazu, daß solche Tiere im Erwachsenenalter Männchen so behandelten, als seien sie Weibchen, und zwar manchmal lebenslänglich. Schutz machte also Erpel durch experimentelle Fehlprägung in der Kindheit scharenweise homosexuell! »Selbst Zwangspaarungen mit Weibchen führten nur bei einem Teil der Tiere zu einer Normalisierung der Objektwahl«, schreibt er. Homosexualität läßt sich also bei Erpeln dadurch hervorrufen, daß man ihnen in ihrer Kindheit eine gewisse Zeitlang ein falsches Vor-Bild vorsetzt.

Wenn wir diese Beobachtungen auf den Menschen übertragen, machen wir die erstaunliche Feststellung, daß unsere bisherigen Schwierigkeiten der Theorienbildung in bezug auf den Ödipuskomplex trotz jener so konstant bleibenden Beobachtungen wie Fliegen von den Wänden fallen. Die Tiefenpsychologen dürfen mit Recht weiter behaupten, daß ihre Beobachtungen über den prägenden Wert der Eltern-Kind-Beziehung für die Partnerwahl im Erwachsenenalter solider Natur sind. Andererseits können künftige Kindergenerationen wieder Hochzeitmachen spielen, ohne daß ihnen beischläferige Absichten mit ihren Eltern untergeschoben zu werden brauchen – jedenfalls nicht, solange ihnen natürliche und gesunde Eltern Vorbild sind.

Diese Arbeitshypothese würde lauten: Die sog. ödipale Phase Freuds – sie liegt nach übereinstimmenden Beobachtungen auch der Nachuntersucher in der Vier- bis Sechsjährigkeit des Kindes – ist eine sensible Phase für die Präformierung des geschlechtsspezifischen Verhaltens beim Menschen. In dieser Phase lernen die Kinder Geschlechtsunterschiede erkennen, ihre eigene Geschlechtsrolle unterscheidend anzunehmen und späteres partnerschaftliches Verhalten mit und am gegengeschlechtlichen Elternteil vorzulernen. Nur wenn durch ungünstige Umwelteinflüsse dieser Ablauf natürlicher Reifungs- und Lernvorgänge gestört wird – was durch schon bestehende Antriebsstörungen älteren Datums freilich sehr begünstigt werden kann –, kommt es zu charakteristischen Abweichungen. Im Gegensatz zu den kleinen Enten von Schutz scheinen diese Abweichungen beim Menschen selten darin zu bestehen, daß beim Kind sich jetzt falsche Merkmale einprägen. Das ist bei den Enten anders. Die jungen Erpel »meinen« ja später, Erpel seien Enten, weil sie eben statt bei ihren Müttern bei Erpeln aufgewachsen sind. Jedenfalls haben wir beim Menschen kaum Gelegenheit, so etwas zu beobachten. Etwas annähernd Ähnliches habe ich nur in einem Fall in der Praxis erlebt:

Ein Junge hatte allein bei seinem Vater gelebt, weil die Mutter in einer Tuberkuloseklinik war, als der Sohn vier bis sieben Jahre alt war. Er lebte isoliert mit seinem Vater. Dieser Junge, der in seinem Verhalten ein rechter Kaspar Hauser war, nämlich von einer kindlich-naiven Pseudodebilität, wurde im Alter von neunzehn

Jahren dadurch auffällig, daß er mit Knaben, die er an einem Waldrand spielend fand, sexuelle Spielereien vorgenommen hatte. Der Knabe selbst erzählte mir betulich-unglücklich, daß er so etwas nie getan hätte, wenn er gewußt hätte, daß das verboten sei.

Dieser Jugendliche hatte freilich auch Störungen intentionaler und aggressiver Antriebe, wobei in jenem Spielen mit den sehr viel jüngeren Kindern die Umorientierung des aggressiven Antriebs eine mitbestimmende Rolle spielte.

Im allgemeinen aber und in den Fällen, die wir übersehen können, stehen primär die Störungen von Gefühlsbeziehungen zu den Eltern bei der Verursachung späterer Partnerschaftsstörungen im Vordergrund. Ähnlich wie bei den intentional gestörten Kindern, die durch Angst das Hinsehen verlernen, scheint auch hier der Antrieb, sich das richtige Bild einzuprägen, durch Angst und Abscheu, jedenfalls durch negative Gefühlstöne gestört, behindert und verdrängt zu werden. Dabei scheint es nach unseren Beobachtungen so zu sein, daß die Störungsmöglichkeiten vielfältig strukturiert und miteinander verwoben sind. Im Mittelpunkt stehen meist drei verschiedene Störungsmöglichkeiten:

1. Die Gefühlsbeziehungen zu den Eltern können durch Verwöhnung, durch erotische oder gar sexuelle Stimulationen überhitzt werden. Die Kinder werden dabei an das stimulierende Objekt fixiert.

2. Es gelingt dem Sohn nicht, seine Mutter als die Frau zu akzeptieren, oder der Tochter nicht, den Vater als den Mann anzunehmen. Vielfältige Gründe können dafür die Ursache sein. Meiner Erfahrung nach kann aber auch das Umgekehrte eintreten:

Ein Junge kann sich

3. nicht als männliches Wesen mit seinem Vater identifizieren. Er lehnt es ab, so zu werden wie der Vater. Ähnliches gibt es auch bei Mädchen; wenn ihre harte Mutter etwa sich ihnen nicht als Mutterideal einprägt, sondern stattdessen der weiche Vater.

Bei solchen ambivalenten, d. h. überhitzten oder ablehnenden Einstellungen zu den Vorbildern kann es zu einer verwirrenden Verunsicherung in der eigenen Geschlechtsrolle kommen und damit zu vielerlei Schwankungen homo- oder heterosexueller Partnerschaftssuche[1].

Solche Verunsicherungen in der Gefühlsbeziehung zum anderen Geschlecht oder in der eigenen Geschlechtsrolle machen es auch verständlich, warum die ersten sexuellen Erlebnisse in der Pubertät zusätzlich einen so entscheidenden Einfluß auf den späteren Lebensweg in bezug auf spätere Partnerschaftsbeziehungen haben. Je mehr das Kind in seiner Geschlechtsrolle verunsichert ist, um so leichter können Verführungen in dieser Zeit verhängnisvoll werden. Sie können bestimmend sein, daß eine ähnliche Objektwahl später immer wieder vorgezogen wird. Ein Beispiel soll das erhellen:

Vom Gericht wird mir ein Jugendlicher zur »heilerzieherischen Behandlung« überwiesen. Er hatte sich von seinem zwölften bis zu seinem neunzehnten Lebensjahr von einem Freund seines Vaters zu homosexuellem Geschlechtsverkehr verleiten lassen. Die Untersuchung ergab, daß es ihm nicht gelungen war, sich mit seinem strengen Vater zu identifizieren, der als Kriegsleidender immer zu Hause war und viel mit dem Jungen schimpfte. Er war in eine gefügige, feminin betonte Rolle gedrängt worden. Aber auch das Mutterbild des jungen Mannes erwies sich bei näherem Hinsehen als außerordentlich ambivalent. Dennoch hätte dieser Junge gewiß auch eine heterosexuelle Beziehung aufnehmen können – wie er es später auch tat –, wenn die Verführung nicht stattgefunden und damit die Indifferenz des Jugendlichen nicht gewissermaßen zufällig in die manifeste Homosexualität geführt hätte.

Coleman beruft sich 1966 auf Arbeiten von East 1946 und Bieler

1 Auf diese Zusammenhänge hat vor allem I.H. Schultz hingewiesen. Er schreibt: »... daß für die ernsthaft sexuell-perverse Fehlentwicklung der Persönlichkeit ganz besonders entscheidend schwere Ambivalenzen gegenüber wichtigen Kindheitsfiguren sind.« Und weiter: »... daß Verfehlungen der gesunden Mitte in der frühkindlichen Pflege und Behandlung die gleichen schweren Entwicklungsstörungen bei dem Kinde bedingen können, gleichgültig, ob es sich um ein Zuviel oder Zuwenig an Liebe handelt (Verwöhnung und Härte), ist heute allgemein bekannt. Und so ergibt auch die analytische Arbeit an Homosexuellen bald die übersorgende, bindende, verweichlichende und verunselbständigende, bald die harte, gemütlose, lieblose, herrische und ekelhafte Mutter.« (J. H. Schultz, Perverse Fehlhaltungen. In: Handbuch der Neurosenlehre und der Psychotherapie. Bd. III, S. 252 und 260).

1962, die in statistischen Untersuchungen nachwiesen, daß mehr als die Hälfte der befragten Homosexuellen bis zum Alter von vierzehn Jahren solche Erfahrungen gemacht hatten.

Sehr ähnliches hat Schutz im Experiment mit seinen Enten festgestellt. Je nach den entsprechenden Situationen, in die die Enten gebracht wurden, überwog das Fehlgeprägte vor dem Angeborenen oder das Angeborene vor dem Geprägten. Schutz hat uns gezeigt, wie dieses Schwanken bei den Enten sich über Jahre fortsetzen kann, so daß einmal hetero-, ein anderes Mal homosexuelle Partnerschaftsbeziehungen eingegangen werden. Außerordentlich zutreffend und aufschlußreich hat Schutz dieses Schwanken der Enten, die durch Fehlprägung in ihrer Geschlechtsrolle verunsichert waren, als Wägeprinzip bezeichnet. Ein ähnliches Schwanken kann man bei Menschen mit einer verunsicherten Geschlechtsrolle häufig feststellen, wenn man sie psychologisch untersucht. Wenn man viele psychologische Untersuchungen mit Kindern durchführt, ist man immer wieder überrascht, wie häufig Unsicherheiten in der Geschlechtsrolle und Fehlidentifikationen sichtbar werden[2]. Dennoch tritt manifeste Homosexualität sehr viel seltener auf, als man in einer psychologischen Untersuchung eine Verunsicherung in der Geschlechtsrolle feststellen kann. Das liegt zu einem großen Teil gewiß daran, daß als Regulativ in solchen Fällen Gewissensangst und Schuldgefühle aufzutreten pflegen. Sie führen häufig dazu, daß zunächst die Hinwendung zum gegengeschlechtlichen Elternteil unmöglich wird, ja, daß schließlich auch die Zuneigung zum gleichgeschlechtlichen verdrängt wird.

Meiner Erfahrung nach geschieht das auf folgende Weise: Ein Kind kann in der sensiblen Phase für die Objektprägung einen zu starken Drang zum gegengeschlechtlichen Elternteil erwerben. Das passiert häufig dann, wenn entweder der gegengeschlechtliche El-

2 Nach Klimmer hatten von 5300 befragten Männern 37% nach ihrer Pubertät homosexuellen Verkehr gehabt. Das ist eine erstaunlich hohe Zahl. Aber es soll damit keineswegs behauptet werden, daß jene beschriebenen Umstrukturierungen in der »Prägungsphase« allein die Ursache der Homosexualität sind. Es gibt zahlreiche Untersuchungen, die aufzeigen, daß Homosexualität auch eine Folge einer ererbten Disposition sein kann (s. Klimmer, Sanders, Siro, Hirschfeld und Kallmann).

ternteil auf geradezu erotische Weise das Kind stimuliert oder wenn etwa bei einem Sohn die Trotzphase ausfiel, weil seine Mutter ihn überbehütete. Dann pflegt die Gewissensfunktion als Regulativ in Erscheinung zu treten und zu bewirken, daß der Impuls verdrängt wird. In solchen Situationen kommt es dann leicht zu einer Projektion der nach Ergänzung suchenden Impulse auf den gleichgeschlechtlichen Elternteil, der in dieser Situation also als Ersatzobjekt fungiert. Aber auch dieser Drang fällt der Gewissenszensur anheim, so daß schließlich der gesamte Antriebsbereich abgelehnt und verdrängt wird.

Wenn dieser Zustand eingetreten ist, kommt es leicht zu hysterischen Symptomen und in der Pubertät auch zu Ersatzbefriedigungen. Der Weg in eine pathologische Entwicklung heißt bei diesem Geschehen: zu enge Bindung an den gegengeschlechtlichen Elternteil – Ödipuskomplex – Verdrängung – Hysterie.

Diese Gewissensangst – und das muß an dieser Stelle ausdrücklich im Gegensatz zu Freud gesagt werden – scheint keineswegs allein die Folge von Strafangst zu sein. Zwar erweist sich die Beobachtung als richtig, daß bei Kindern mit einer Verunsicherung der Geschlechtsrolle der Kastrationskomplex kaum je fehlt – aber viel seltener läßt sich auch bei gründlichem Fahnden eine reale Kastrationsdrohung finden. Der Kastrationskomplex fehlt freilich bei solchen Störungen im Untergrund selten, aber er ist m. E. nicht nur ein Symptom für das Bestehen einer Verunsicherung in der Geschlechtsrolle, sondern er ist gleichzeitig ein Zeichen dafür, daß die Gewissensinstanz des Kindes als Regulativ mobilisiert ist und sich gegen die pathologische Richtung des Antriebsziels wehrt. Diese Gewissensfunktion tritt automatisch regulativ in Erscheinung, wenn Ereignisse vorausgehen, die die Bewältigung des Lebens und seiner Aufgaben in Frage stellen. Daß diese regulierende Angst – im Falle der Neurose im allgemeinen, der Kastrationsfurcht im besonderen – dennoch wieder in eine Störung führt – denn gerade die Kastrationsfurcht ist es häufig, die die körperlichen Funktionsstörungen bewirkt –, liegt daran, daß es in solchen Fällen zu einer *Über*steuerung der regulierenden Angst kommt. Sie führt in die Betriebsstörung, d. h. in das körperliche Symptom. Diese Übersteuerung bewirkt auch, daß nicht nur die pathologische Triebrichtung, sondern der gesamte Triebimpuls der Angstzensur und danach der Verdrängung anheimfällt. Da das abermals die Lebens- und Arterhaltung in Frage stellt, kommt es später beim Auftauchen von Schlüsselreizen zu einer verstärkten Angstsymptomatik. Mit deren Hilfe kann dann instinktiv versucht werden, das lebensnotwendige Ziel zu erreichen; mit derselben Methode oft und mit derselben geringen Wahrscheinlichkeit, mit der der Bewegungssturm eines gefangenen Vogels den rettenden Ausweg findet.

Solche vorbereitenden innerseelischen Zustände und Vorgänge in der frühen Kindheit fehlen kaum, wenn es in der Pubertät mit der Ausreifung der sexuellen Funktion zu Pubertätsschwierigkeiten kommt, wie ich es am Fall Helmuth darstellte. Diese Vorgänge nun sind mit sexuellen Notständen bei Tieren deshalb direkt vergleichbar, weil sie sich auch nach den Gesetzen der Antriebsbehinderung abspielen. Die einsetzenden Nöte und Mechanismen entsprechen der Gefangenschaftssituation von Tieren in der Brunstzeit. Freilich ist diese Gefangenschaftssituation beim Menschen selten eine äußere, sondern eine innerseelische. Menschen, die an solchen Störungen leiden, sitzen gewissermaßen in dem eigenen Gefängnis ihrer verdrängten Sexualität. Bevor wir diese Folgen von sexuellen Antriebsbehinderungen bei Menschen und Tieren systematisch miteinander vergleichen, wollen wir noch einmal zusammenfassen:

Das sexuelle Antriebsgeschehen des Menschen ist seiner Grundstruktur nach eine Instinkthandlung. Es hat seine Voraussetzung in einem endogen bedingten Reizzustand, der mit der Geschlechtsreife einsetzt. Dieser Reizzustand bewirkt: Suchhandlungen, Werbeverhalten und auf die Endhandlung abzielende Bestrebungen. Das Antriebsobjekt ist ein gegengeschlechtlicher Artgenosse. Das Antriebsziel ist die Antriebsentspannung bzw. die Befriedigung durch die sexuelle Handlung. Dieser Vorgang, der auf angeborenen Instinktmechanismen aufgebaut ist, erfährt eine Komplikation dadurch, daß der Vorgang des Erkennens des Antriebsobjekts selbst nicht angeboren ist. Der Mensch hat, nach übereinstimmenden Untersuchungen der Tiefenpsychologen, wie verschiedene Tiere in seiner Kindheit eine sensible Phase, in der das Erkennen des gegengeschlechtlichen Partners prinzipiell festgelegt wird. Dieses Erkennen erfolgt, wie bei vielen Tieren, um Jahre früher als der Pubertätsbeginn, nämlich etwa im Alter von vier bis sechs Jahren, in der von Freud sogenannten ödipalen Phase. Es geschieht – genau wie bei den Enten – in einem anderen Funktionskreis als dem, für den es bestimmt ist, nämlich an den Eltern. Ist bei einem Kind die Basis für eine spätere gegengeschlechtliche Objektwahl ausgefallen oder zu schmal, weil ihm keine positiven erwachsenen Vorbilder zur Verfügung standen, kann es zu zufälligen Verknüpfungen zwischen genitalen Sensationen und inadäquaten Objekten kommen.

Durch diese Gegebenheiten kommt es beim Menschen zu einer erhöhten Störbarkeit der sexuellen Partnerschaftsfindung. Sie können mit Hilfe von Verdrängungsvorgängen zu weitgehenden Antriebsbehinderungen führen.

Die Symptome dieser Antriebsstörungen sind zum Teil denen von Tieren in Geschlechtsnot entsprechend.

## 2. *Erscheinungsbilder sexueller Antriebsstörungen beim Menschen*

Wenn man Tiere in der Brunstzeit nicht zum Geschlechtsvollzug kommen läßt, werden sie unruhig, schlaflos und von fahriger Beweglichkeit. Jener Helmuth, von dem ich eingangs erzählte, hatte eine schwere Schlafstörung, ja auch am Tage fühlte er sich wie ziellos umgetrieben. Er hatte sich Kameraden zugesellt, die als Mädchenhelden galten. Ja er hatte es sogar geschafft, dort sehr selbstsicher aufzutreten, als ein Mann von Welt, eine Art von Don Juan, mit vielerlei Erfahrungen. Aber für sich selbst hatte er die Feststellung gemacht, daß er »mit den Mädchen nichts anzufangen wisse«. Die sexuelle Appetenz des Jugendlichen begann sich an der Barriere seines Unvermögens zur gegengeschlechtlichen Partnerschaftsfindung, die auch er aus seiner frühen Kindheit mitgebracht hatte, zu stauen. Regelmäßig erst dann pflegt es bei Menschen und Tieren möglich zu werden, daß auch inadäquate Triebobjekte zu Schlüsselreizen werden, die die Endhandlung auslösen können. Erst in der Not frißt der Teufel Fliegen – sonst mag er sie nicht! Ja, es wäre eine Untersuchung wert festzustellen, ob es in solchen Fällen nicht eine Hierarchie der Objektwahlen gibt. Junack beschreibt z. B. ein Verhältnis von Hund und Katze aus Geschlechtsnot, das aber sofort aufgelöst wurde, als eine läufige Hündin zugeführt wurde. Vermutlich würde auch das braune Hyänenweibchen, von dem Inhelder berichtet, nicht mehr den Futterteller als Begattungsobjekt benutzen, wenn ihm eine gleichgeschlechtliche Hyäne in eben dieser Begattungsstimmung zugesellt würde. Andererseits scheint es so zu sein, daß beim Menschen vor allem zu Pubertätsbeginn der Zufall darin waltet, an was für ein inadäquates Objekt sich der gestaute Trieb fixiert. McDougall z. B. berichtet von einem jungen Mann, der Mädchen Zöpfe abschneidet und dabei zum Teil sexuelle Befriedigung erlebt. Dieser Mann hatte als Junge in der Schule hinter einem Mädchen gesessen, das einen Zopf getragen hat. Er pflegte ihren Zopf zu betrachten, während sein Banknachbar ihm Dinge erzählte, die ihn sexuell erregten. Dabei ist natürlich keineswegs dieser Zufall die alleinige Ursache der Perversion. Es ist hier genauso wie beim sexuellen Trauma: Der Wirkung dieses Geschehens geht eine Verdrängung von Gefühlsregungen voraus, die ursprünglich auf ein gegengeschlechtliches Objekt bezogen waren. Der Fetischismus z. B. trägt deutlich noch den Abglanz der eigentlich gesuchten, aber behinderten Objektwahl.

Bei jenen Jugendlichen, die zu frühen Bordellbesuchen kommen, fehlt selten das blockierte Vermögen zur Partnerschaftsfindung im Untergrund: Wem die Trauben zu hoch hängen, greift, wenn er Hunger hat, schließlich auch zu denen, die unten liegen. Ähnliche Vorerlebnisse, zumindest im Sich-Durchsetzen, scheinen selten zu fehlen, wenn z. B. in der sog. Pädophilie mit Kindern als Triebobjekten vorlieb genommen wird.

Wie das Tier kann auch der Mensch zu dem Versuch greifen, sexuelle Antriebsspannung durch Selbstmanipulation zu beseitigen, wenn die Möglichkeit zur Antriebsbefriedigung am Objekt ausgeschaltet ist. Das geschieht um so leichter, je weniger ihm partnerschaftliche oder soziale Bezugsmöglichkeiten zur Verfügung stehen. An dieser Stelle wollen wir uns noch einmal dem Jugendlichen Helmuth zuwenden, dessen Zustandsbild ich eingangs beschrieb.

Helmuth war in einer zwanghaften Weise an seine Onanie fixiert, als er in die Betreuung kam. Er lebte bei seiner berufstätigen Mutter, die selten zu Hause war. Sein Vater war gestorben. Da er in einem Vorort wohnte, waren auch die Kameraden nicht leicht erreichbar. Zudem scheute er diese auch seit geraumer Zeit. Denn er hatte entdeckt, daß seine sexuellen Phantasien sich gegen sie zu richten begannen. So träumte er z. B., einer seiner Freunde habe ihn geküßt, so daß der Speichel ihm dabei vom Munde geflossen sei. Auch im Rorschachtest ist die homosexuelle Tendenz unverkennbar. Wie war es zu dieser Fehlentwicklung gekommen? Helmuth war bei seiner Großmutter aufgewachsen, die ihn einengte und verwöhnte. Er haßte seine Großmutter aus tiefster Seele, da sie wehleidig, aufdringlich und besitzergreifend war. Sie hatte, in einem Dorf wohnend, ihn während seiner frühen Kindheit eingesperrt und fettgefüttert – in des Wortes wahrer Bedeutung – wie die Hexe Hänsel. Dazu kam, daß Helmuth nun, am Beginn der Pubertät, zu seiner damenhaft gepflegten, jugendlich anziehenden Mutter umzog, die ihren Sohn im Ehebett ihres verstorbenen Mannes bei sich schlafen ließ. Helmuth fiel von einer Verzauberung durch Verwöhnung in eine Verzauberung durch Erotisierung. Er fühlte sich durch diese verbotene Antriebsregung entwürdigt, entmannt, feminisiert. Seine Bezugsmöglichkeiten zum anderen Geschlecht schienen ihm ein für allemal genommen. Er fühlte sich von seinen Hexen verstümmelt, gebannt und zur Unfruchtbarkeit verdammt.

Ein Traum Helmuths macht diesen Zusammenhang besonders anschaulich: Ihm träumt, daß eine Zauberin junge Männer bedrohe. Sie wirft sie über die Geländer eines Treppenhauses hinab. Auch eine Kerze wirft sie hinab, einen Stummel, der auch einmal zu dem Jungen gehörte. Dann eilt sie selbst, Helmuth verfolgend, die Treppe hinab. Auf dem untersten Absatz versteckt er sich vor ihr, aber sie ergreift ihn doch und ringt mit ihm. Er steckt ihr den Finger in den Mund, da quillt Stroh heraus. Im Keller ist noch eine Zauberin, die sozial nicht so hoch gestellt ist wie die anderen. (Die Mutter hatte einen sozial höheren Rang als die Großmutter.) Sie sagt, daß sie schon seit fünfzehn Jahren (Helmuth ist sechzehn Jahre alt) zaubere. Die sozial niedere Hexe wohnt mit vier noch älteren Frauen zusammen. Sie zeigt Helmuth ein Buch; darauf ist ein Bild von Jesus und zwei Verbrechern. Das Bild hat pornographischen Charakter. Jesus hat vom Bauchnabel abwärts eine große Wunde, die Genitalien sind nicht eingezeichnet. Die anderen Verbrecher haben auch Wunden an verschiedenen Körperstellen, die sehen so aus wie weibliche Geschlechtsorgane, aber verschoben. Dieser weiblich-weichliche Jesus ist Helmuth widerlich.

Eindrücklich tritt hier das Motiv schuldhafter Verweiblichung in den Vordergrund, ebenso wie die Verursachung durch die als gefährlich erlebten Frauen. Dabei wird das Motiv des Verlustes von männlicher Sexualität ebenso deutlich wie das Verdammtsein zur Unfruchtbarkeit durch die sexuelle Fixierung an die Mutter. (Da quillt Stroh aus ihrem Mund.) Wir sehen: Nicht jeder »Gang zu den Müttern« wird, wie im Faust, zur Voraussetzung zu höherer Kommunikation. Das – so können wir jetzt schon sagen – kann nur möglich sein, wenn die individuellen Muttererlebnisse das Bild der guten Frau, nicht der verfolgenden in der Seele fest verankert haben. Wir wollen an dieser Stelle noch einmal daran erinnern: Helmuth litt unter homosexuellen Impulsen. Diese waren hier nicht, wie bei den Enten, dadurch entstanden, daß in der sensiblen Phase das Bild vom Mann statt dem Bild von der Frau sich eingeprägt hatte. Nein, diese Tendenzen entstanden, wie meistens beim Menschen, dadurch, daß die Zielgerichtetheit auf die Frau unmöglich gemacht worden war. Ja, das Gefühl, kastriert zu sein, schürt jetzt die Pervertierung des sich stauenden Antriebes. Die homosexuellen Tendenzen entstehen sekundär und gehören in die Kategorie der Befriedigung am Ersatzobjekt.

Neurotische Homosexualität ist eine Folge des Unvermögens zu gegengeschlechtlicher Partnerwahl, die dem Kind verbaut wurde. Hier bietet sich abermals eine Erklärung an, warum solche Menschen so leicht fixiert werden an jene, häufig zufällig entdeckten, Ersatzobjekte, warum sie nach neuen Befriedigungen an gleichartigen Ersatzobjekten zu suchen beginnen: Die sexuelle Handlung bildet eben nur eine Teilentlastung des Antriebs, führt sehr viel schneller wieder zu einer erneuerten Triebspannung. Denn die Funktion des Sich-ergänzen-wollens hat sich ja nicht tätigen können! Der unbefriedigte Suchtcharakter, der allen Perversionen innewohnt, bestätigt, daß sie in die Reihe der Stereotypien gehören, wie sie im Zuge von Befriedigungen an Ersatzobjekten sich einzuschleifen pflegen. Sie gehören ihrer Struktur nach in die Reihe der Antriebsbehinderungen, die auf inadäquate Objekte ausweichen, genau wie beim Tier, das sich in Geschlechtsnot befindet. Helmuths exzessive

Onanie ist ein Zeichen dafür, daß der Antrieb sich von seiner Objektbezogenheit löst und auf den eigenen Körper invertiert. Die Vorgeschichte und der Traum des Jugendlichen machen einsichtig, daß bei solchen Pubertätserscheinungen häufig viel kompliziertere Vorerfahrungen und kompliziertere Verdrängungsvorgänge vorausgegangen sind, als daß sie allein ihre Erklärung fänden in einer lediglich pubertätsbedingten Antriebsstauung.

Freilich gibt es auch eine quasi »normale« Pubertätsonanie. Sie ist, wie bei Ploogs Affen, eine Ersatzhandlung am eigenen Körper, wenn keine Gelegenheit besteht, den gestauten Antrieb am adäquaten Objekt zu entlasten. Nach Kinseys Statistik onanieren 90% Jungen und 40% Mädchen in der Pubertät. Die Gefahr der suchtartigen Gewöhnung bei der Onanie weist uns abermals darauf hin, daß keine Ersatzbefriedigung die eigentliche Not beseitigen kann, weil die Appetenz sich chronisch erhöht.

Nicht zuletzt deshalb pflegen die Väter ihren pubertierenden Söhnen die Masturbation empört zu verbieten, obgleich sie selbst in der Reifezeit onanierten. Aber das Verbot pflegt häufig erst den Teufelskreis von Verbot, Ungehorsam und Schuld einzuschleifen und den Vorgang so zusätzlich zu belasten. Es wäre besser, wenn die Väter in diesem Zusammenhang Geschlechtsnot nicht verleugneten und sie auch ihren geschlechtsreifen Söhnen zubilligen würden. Wenn ein Vater im Gespräch mit seinem Sohn eine in dieser Weise sachliche Einstellung zeigen würde, wäre es leichter für den Jugendlichen, auch andere Möglichkeiten anzunehmen, die Geschlechtsnot zu bewältigen. Auf einer solchen Basis des Verstehens sind Jugendliche meiner Erfahrung nach leichter Vorschlägen zur Kompensation des Dranges zugänglich.

Gibt es auch Leerlaufhandlungen des sexuellen Antriebs beim Menschen? Ich meine, daß es unschwer ist, in den Träumen mit sexuellem Inhalt, die von Pollutionen bei Männern, von Uteruskontraktionen bei Frauen begleitet sind, so ein Losgehen der »Endhandlung« zu sehen, in dem Sinne wie Konrad Lorenz solche Leerlaufhandlungen beschreibt.

Aber auch in der »Ohnmacht zur rechten Zeit« bei der hysterischen Frau wie auch im Arc de cercle scheint der verdrängte sexuelle Antrieb gebieterisch die Mauer der Verdrängung zu durchbrechen – in jenem Sinne, wie die sekundäre Zweckgerichtetheit des sexuellen Antriebs bereits auf Seite 125 beschrieben wurde. Dazu noch ein Beispiel:

Ein junges Mädchen fiel immer ausgerechnet dann in Ohnmacht, wenn es mit seinem Freund allein war. Auch dieses Mädchen hatte seine hysterische Charakterstruktur bereits in der frühen Kindheit erworben. Aber den Anlaß zu den Ohnmachten hatte ein sexuelles Trauma ergeben. Sie war in einer Szene, die einer Vergewaltigung glich, von ihrem Nachhilfelehrer defloriert worden. Die seitdem verdrängte sexuelle Antriebsregung geriet beim Zusammensein mit ihrem Freund in einen Konflikt zwischen Wunsch und Grauen. Die Ohnmacht, physiologisch durch die Angst ausgelöst, hatte unbewußt auch die Intention des »Hinsinkens«, also des Aufgebens allen Widerstandes.

An dieser Stelle wird auch einsichtig, inwiefern die Verdrängung sexueller Impulse beim Menschen so häufig zu sog. Konversionen, mit körperlichen Funktionsstörungen, vor allem des Herzens, des vegetativen Systems oder des Magens, führt. Das Zittern, das Herzjagen, das Schwitzen, Erröten, die Ohnmachten, das Erbrechen, die wir als Folge von Antriebsbehinderungen dieser Art so häufig zu sehen bekommen, sind Angstsymptome. Sie sind »Betriebsstörungen« in jenem Sinne, wie ich sie schon beschrieb.

T. von Uexküll schreibt: »Das Wesentliche an all dem ist jedoch die Feststellung, daß es Zustände gibt, in denen unser Körper uns automatisch, d. h. ohne daß wir etwas dafür oder dagegen tun können, für Anforderungen bereitstellt, die in der umgebenden Welt zu erwarten sind. Genau wie bei den Pawlowschen Experimenten, in denen die Hunde auf etwas reagierten, das in der Außenwelt noch gar nicht vorhanden war, das sich nur in bestimmten Zeichen und Signalen ankündigte, so ist es auch hier: Irgend etwas in der Außenwelt wird als Zeichen, als Hinweis auf eine kommende Gefahr oder auf ein anderes Ereignis von vitaler Bedeutung gedeutet, und das veranlaßt den Körper, sich für das damit angekündigte Ereignis bereitzustellen.«[3]

3 T. von Uexküll, Grundfragen der psychosomatischen Medizin. Hamburg 1963.

Im Konflikt erbrechende Lippenbären, zitternde Pferde, keuchende Schafe können uns aufzeigen, daß es solche Konversionen, wie von Uexküll sie beschreibt, auch bei Tieren gibt, wenn ihnen keine anderen Antriebsmöglichkeiten zur Verfügung stehen. Viele Tiere haben die Möglichkeit, Übersprunghandlungen durchzuführen, wenn die sexuellen Antriebshandlungen behindert werden. Das ist auch beim Menschen der Fall. Freilich sind dem Menschen durch seine Lernfähigkeit und das Vermögen zur willentlichen Steuerung breite Variationsmöglichkeiten gegeben. Für diesen Bereich zutreffend sind die Worte Kompensation und Sublimation. Der Mensch ist in der Lage, gestaute sexuelle Impulse durch Handlungen aus anderen Funktionskreisen zu kompensieren. Er kann stattdessen essen, trinken, Sport treiben und dergleichen mehr. Nicht selten treffen wir in der Praxis auf den »Kummerspeck« etwa von jungen Mädchen auf Grund von Liebesenttäuschung, besonders dann, wenn ihr »heimliches Flehen« kein Gehör fand. Ebenso ist der Mensch in der Lage, sexuelle Antriebsregungen zu verfeinern, zu sublimieren, indem statt der Antriebshandlungen Handlungen intellektueller oder ästhetischer Art gewählt werden.

Es ist dabei aber ein Irrtum, zu meinen, der Fortschritt der Menschheit beruhe auf nichts anderem als auf »Sublimation des Geschlechtstriebes«. Allen Handlungen des Menschen, die auf »umorientierten Intentionsbewegungen« beruhen – das habe ich hinlänglich beschrieben –, wohnt die Verkrampfung, die Unruhe, die Spannung und das Friedlose einer ursprünglichen Handlung inne, auf die nicht etwa bewußt verzichtet wurde, sondern die aus meist tragischen Gründen nicht ausgeführt werden *konnte*!

Aus dem Wiederholungszwang scheinbefriedigender Ersatzhandlungen herausspringen kann der Mensch nur, wenn die Aufgaben, die den einzelnen Entwicklungsphasen innewohnen, befriedigend erfüllt worden sind. Nur dann wachsen ihm Funktionen zu, die neue Reifungsschritte möglich machen. Erst dann kann der Mensch alte Antriebswünsche aufschieben, ja auf sie verzichten, weil die Verschmelzung und Integration der neuerworbenen Funktion mit den alten neue Türen öffnet und zu neuen Aufgaben lockt und ruft.

Es gibt nun noch eine Sonderform vergleichbarer Störungen, die freilich wohl nur bei höherdifferenzierten Tieren mit einer langen

Kindheit vorkommen: Die Kopulationsstörungen, die bei Affen dann auftreten, wenn sie völlig isoliert oder auch mit ihren Müttern isoliert aufwuchsen, sind nicht unähnlich jenen neurotischen Störungen der Partnerschaftsfindungen beim Menschen, wie sie auf Grund von »prägenitalen Fixierungen« in Erscheinung treten. Mason und Harlow haben nachgewiesen, daß wohl jene Affen Geschlechtsbeziehungen aufnehmen können, die ohne Mutter mit Jahrgangsgenossen aufwuchsen, im Gegensatz eben zu jenen, die während ihrer Kindheit mit ihren Müttern isoliert waren. Diese Tatsache scheint uns eine interessante Variante und ein erneuter Beweis für die bereits oft gekennzeichnete Gegebenheit zu sein, daß im gesunden Entwicklungsprozeß »Partialtriebe« auf höheren Entwicklungsstufen miteinander verschmelzen zu einem neuen Wirkungsgefüge. Dieses Wirkungsgefüge ist aber in Frage gestellt, wenn die vorher zur Entfaltung gekommenen Funktionen zu schwach ausgebildet sind. Anscheinend braucht nicht nur der Mensch, um gegengeschlechtliche Partnerschaftsbeziehungen aufzunehmen, die Funktionsfähigkeit des Sich-Interessierens, des Zugreifens, des Eroberns und Verteidigens, des Sich-ablösen-könnens, sondern auch schon der Affe. Ja, Mason hat bei seinen Affen festgestellt, daß selbst Affenmännchen, die behindert aufgewachsen waren, weniger Chancen bei ihren Damen hatten als gesunde, d. h. frei aufgewachsene Männchen. Die Weibchen wählten sie seltener! Und Harlow hat diese Frage der Vorbedingungen für einen gesunden Geschlechtsbezug im Erwachsenenalter der Affen dahin konkretisiert, daß er feststellte: In bezug auf das Geschlechtsverhalten sind die Affen, die allein und isoliert bei ihrer Mutter aufwuchsen, unbeholfener als jene, die ohne Mutter, aber in Gemeinschaft aufwuchsen. Zwar waren auch diese Affen »Außenseiter der Gesellschaft«, zwar blieben ihre Geschlechtsbezüge flüchtig, waren »ungekonnter«, aber sie waren doch keine vollständigen Versager wie die isolierten Mutterkinder. An dieser Stelle scheint es sichtbar zu werden, daß die dominierende Voraussetzung zu einem gesunden Geschlechtsbezug nicht allein die ist, von einer Mutter versorgt und beschützt worden zu sein, sondern auch, Ablösung von ihr vollzogen und Angreifen von ihr gelernt zu haben. Die psychoanalytische Literatur bestätigt das. Matussek schreibt:

»Je stärker eine prägenitale Fixierung die Sexualität des Mannes bestimmt, desto geringer sind die Chancen, auf die Dauer bei einer Frau potent zu sein ... Was man bei der Psychoanalyse häufig findet und was im konkreten Fall immer in einer bestimmten Weise in die Persönlichkeit und Lebenssituation eingebaut ist, sind folgende unbewußte Vorgänge: Angst, den Partner durch den Koitus zu verletzen, Angst, durch den Verkehr kastriert zu werden, d. h. bei dem Verkehr seinen Penis zu verlieren, Angst vor der Erfüllung und Aktivierung infantiler Sexualziele, unbewußte Bindung an die Mutter, feminine Identifizierung.«[4]

Harlows Affen scheinen darauf hinzuweisen, daß das Freisein von der Mutter und die Betätigung früher aggressiver Gemeinschaftsspiele die dominierende Voraussetzung zum Geschlechtsbezug darstellt. Befriedigend durchlebte Trotzphasen und ein gesundes Tätigen des Aggressionstriebes in der frühen Kindheit scheinen nach analytischen Erfahrungen auch eine der Voraussetzungen zu sein für einen gesunden Geschlechtsbezug des Menschen.

### *3. Unterschiede zwischen Menschen und Tieren im Antriebsschicksal und in der Psychotherapie dieser Störungen*

Auch dem Geschlechtstrieb wohnt beim Menschen eine Funktion inne, die weit über sexuelle Triebziele hinausreichen kann. Es ist die Funktion des Sich-Ergänzens. Ausgestattet mit ihr und mit den Funktionen des Sich-Ablösens, Zugreifens, des neugierigen Forschens und der Möglichkeit zur Verantwortung, d. h. zu Maß und Grenze, wird der Mensch fähig zu überregionalen Aufgaben, zu höheren Verantwortungen, zu religiösem Erleben. Die Integration aller dieser Funktionen bewirkt, daß der Mensch fähig wird zu jenem Abenteuer der zweiten Lebenshälfte, das C. G. Jung als Individuationsprozeß bezeichnet hat. Das Bedürfnis, sich am gegengeschlechtlichen Partner zu ergänzen, kann jetzt zurücktreten zugunsten des Bedürfnisses, sich selbst seelisch zu vervollkommnen.

4 P. Matussek, Störungen des Sexuallebens. In: Handbuch der Neurosenlehre und der Psychotherapie, Band II. München, Berlin 1959, S. 580.

Während also die Objektsuche beim Tier in starre, instinktmäßig festgelegte Triebhandlungen einmündet, erwirbt der Mensch die Fähigkeit des Sich-Ergänzens, die ihn zu höchsten Lebensverwirklichungen führen kann. Die Fähigkeit des Sich-Ergänzens beinhaltet die Möglichkeit, den Partner anzunehmen wie er ist, ja auf den anderen zu hören, um an ihm zu wachsen. Die Voraussetzung zu dieser Toleranz und diesem mühsamen Lern- und Verwandlungsprozeß erwirbt der Mensch nur auf Grund jener emotionalen Sicherheit, wie sie auf dem Boden der frühkindlichen Erfahrungen mit den ersten Erziehungspersonen erwächst. In diesen Gegebenheiten wird abermals ein unüberbrückbarer Gegensatz zwischen Menschen und Tieren sichtbar. Er zeigt sich auch in der Therapie:

Will man einem Tier aus seiner Geschlechtsnot oder seiner fehlgeprägten Partnerschaft heraushelfen, so geselle man ihm einen gegengeschlechtlichen Partner zu. Sogar in jenen Fällen, die, wie es zunächst schien, irreversibel fehlgeprägt waren, gelingt nach den neuen Untersuchungen von Schutz und Harlow, wenn man nur lange genug wartet, gelegentlich auch wieder das Zurückfinden des Tieres zum richtigen Antriebsobjekt. Beim Menschen ist das so einfach nicht. Auch die Liebe eines Partners kann ihn nicht heilen, wenn er in einem Teufelskreis steckt, der ihn an alte Antriebsobjekte sehnsuchtsvoll fixiert. Die Liebe kann erst dann heilen, wenn sie begreift, inwiefern der Partner irreal handelt, und nun wissend mit dem Leidenden zusammen den Gang zu den bösen Müttern zurückwagt. Solch eine bewußte Haltung des Heilenden kann dazu beitragen, daß der Patient die alten Fehleinstellungen aufgeben kann und den neuen Weg findet. Dabei muß der Patient die Verläßlichkeit des Partners ebenso spüren wie sein Freigelassensein, die Toleranz des Geltenlassens ebenso wie die Ablehnung, in einer alten Rolle, in einer alten Spur mitzuagieren, die die Sicht auf den realen Partner verstellt. Helmuth hat, als er seiner Heilung entgegenging, diesen Vorgang in einem eindrucksvollen Traum dargestellt, der abschließend berichtet werden soll:

»Ich schwimme nach einem Schiffbruch im Wasser. Neben mir schwimmt ein blondes Mädchen. Wir kommen an Land und suchen ein Boot. Ich finde nur solche, die zu klein für zwei sind. Das Mädchen findet eins für zwei. Wir schiffen damit los, aber das Boot geht unter. Wir schwimmen wieder im Wasser, das Mädchen voran und sagt immer: 1–2, 1–2, wohl um den Abstand zwischen sich und mir zu markieren. Wir kommen an Land. Dort sehen wir mehrere Schiffbrüchige, die nach dem richtigen Weg suchen. Sie gehen aber immer im Kreis und haben die Fußstapfen schon ganz ausgetreten, vor allem ein Junge von vierzehn Jahren, der einen düsteren und verzweifelten Gesichtsausdruck hat. Das Mädchen zeigt, wie der Weg weiter geht. Er ist deutlich zu sehen – er schlängelt sich aufwärts durch eine Landschaft. Wir wundern uns, daß die Leute den Weg bisher nicht gesehen haben.«

Fassen wir noch einmal zusammen, was uns die vergleichenden Untersuchungen von Störungen des Geschlechtstriebs bei Menschen und Tieren für Einsichten brachten:

1. Störungen des Geschlechtstriebs beim Menschen sind nur begrenzt mit denen von Tieren vergleichbar, weil diese Antriebshandlungen beim Menschen mit den vielfältigsten Lernprozessen und mit der psychischen Gesamtentwicklung und ihren Behinderungen verknüpft sind.

2. Es gibt aber eine Lernphase in der frühen Kindheit des Menschen, die auf Geschlechtsbezüge vorbereitet. Sie läßt Entsprechungen erkennen zu jenen sensiblen Phasen für die sexuelle Partnerwahl, wie sie bei einigen Tieren untersucht worden sind. In dieser Phase lernen jene Tiere an bestimmten Merkmalen ihres Elternkumpans, wie ihre späteren Geschlechtspartner aussehen müssen. Diese Lernprozesse lassen sich im Experiment durch sog. »Fehlprägungen« nachweisen. Es hat sich gezeigt, daß die Fehlprägungen für Sexualpartner bei den untersuchten Tieren in einer späteren Phase ihrer Kindheit liegen und von den Prägungen der Frühzeit, den sog. Nachfolgeprägungen, unterscheidbar sind. Diese Prägung der partnerschaftlichen Objektwahl vollzieht sich zu einem Zeitpunkt, in dem die sexuelle Funktion noch nicht ausgereift ist. – In einer ähnlichen Weise beobachtet die Tiefenpsychologie seit Freud in der Vier- bis Sechsjährigkeit des Menschen eine »prägsame« Phase für die späteren Partnerschaftsbezüge. An den Beziehungspersonen seiner kindlichen Umwelt »lernt« auch der Mensch das Bild vom Partner. Durch ungünstige Vorbilder können diese Muster ver- und entstellt werden, so daß der Mensch sexuelle Antriebsimpulse unter-

drückt, wenn sie in der Reifezeit in Erscheinung treten. Komplizierte und differenzierte Gefühlsbeteiligungen und sich einschleifende bedingte Reflexe spielen bei diesen Vorgängen im Menschen eine dominierende Rolle.

3. Die Behinderungen des Geschlechtstriebs, die dadurch entstehen, sind mit jenen vergleichbar und vollziehen sich nach den gleichen biologischen Grundgesetzen, die abrollen, wenn Tiere in der Brunstzeit an Geschlechtsvollzügen gehindert werden:

Die *Befriedigung am Ersatzobjekt* ist in der Gefangenschaft von Tieren vielfältig beschrieben worden. Beim Menschen zeigen sie sich etwa im Fetischismus, in der Sodomie, in der Pädophilie und auch in der Homosexualität.

Die Onanie in der Pubertät und im Erwachsenenalter entspricht masturbatorischen Vollzügen von Tieren in Geschlechtsnot. Sie hat eine *Inversion* des Geschlechtstriebs zur Voraussetzung. *Konversionen,* d. h. die durch die Behinderung des Geschlechtstriebes entstehenden körperlichen Angstsymptome, sind vereinzelt auch bei Tieren beschrieben worden. Beim Menschen bestimmen sie das Krankheitsbild einer manifesten Hysterie. *Leerlaufhandlungen* des Geschlechtstriebs können beim Menschen im Schlaf und im hysterischen Anfall in Erscheinung treten.

*Übersprunghandlungen* tragen nicht, wie beim Tier, den Charakter einer mechanisch ausgelösten Handlung, die automatisch in einen anderen Funktionskreis überspringt, wie das Daumenbeißen des an der Kopulation gehinderten Mandrills, das Inhelder beschreibt. Sie können beim erwachsenen Menschen vom Verstand mitgesteuert werden. Wir bezeichnen diese Vorgänge dann als Kompensation und Sublimation.

4. Die Störungen des Geschlechtstriebs bei Menschen und Tieren führen zu starren Fehlverhaltensweisen. Sie können sich im Teufelskreis einschleifen und dann zu tiefgreifenden Lebensbehinderungen führen. Die gesunde Entwicklung des Geschlechtstriebs beim Menschen braucht nicht, wie bei Tieren, in die »Endlösung« einer starren Triebbefriedigung allein einzumünden. Der Mensch erwirbt die Funktion des Sich-Ergänzens, die später zu differenzierten, nur dem Menschen zugeeigneten Lebensvollzügen eingesetzt werden kann.

# Nachwort

Diese Schrift soll verdeutlichen: Man kann bei Tieren experimentell Fehlverhaltensweisen hervorrufen, die sehr ähnlich aussehen wie die Anfangssymptome neurotisch gewordener Menschen. Diese Art von Symptomen und die Neurose, die Antriebsverdrängung, die in ihnen zum Ausdruck kommt, kann ein Mensch grundsätzlich nur in seinen ersten Lebensjahren erwerben: Das ist unanfechtbares Erfahrungsgut in der Psychotherapie. Diese Beobachtungen, so scheint mir, berechtigen dazu anzunehmen, daß die primäre Antriebsentfaltung beim Menschen sich teilweise noch nach Gesetzen von Instinkthandlungen vollzieht. Im Laufe der Ontogenese des Menschen scheint sich dieses Primat dann zugunsten einer im Normalfall sich steigernden Plastizität und Wahlmöglichkeit seiner Handlungen einzuschränken.

Anscheinend gibt es nun freilich innerhalb der menschlichen Antriebsbereiche nur *einen* Handlungsvollzug, den der Mensch angeborenerweise vollständig parat hat und der als fertige Instinkthandlung abläuft. Das ist das Verhalten des neugeborenen Säuglings bei der Nahrungsaufnahme. In den meisten anderen Antriebsbereichen des Menschen gibt es eine so angeborenerweise festgelegte Handlungsabfolge nicht mehr. Fast immer sind die Handlungsvollzüge mit Erlerntem durchsetzt. Andererseits beweisen uns aber bestimmte neurotische Fehlverhaltensweisen, daß die Lernfähigkeit des Menschen in seiner Kindheit keineswegs unbegrenzt plastisch, daß das Kind keineswegs unbegrenzt anpassungsfähig ist. Aber selbst die Instinkthandlungen bei Tieren sind nicht alle vollständig angeboren. In den sog. sensiblen Phasen kann das junge Tier »lernen«, die richtigen Merkmale seines Triebobjekts zu erkennen. Ist diese Objektwahl aber erst einmal getroffen, so wird sie späterhin relativ starr beibehalten. Das Vorhandensein einer sog. Objektprägung in einer nur begrenzten Zeitspanne deutet darauf hin, daß das Verhalten des jeweiligen Tieres in begrenzter Weise modifizierbar ist, daß aber das Gesamtverhalten dennoch von angeborenen Instinktmechanismen bestimmt wird.

Es kann nun freilich keineswegs davon die Rede sein, daß in diesen Bereichen bei Kindern und Tieren völlig gleichartige Handlungsvorgänge vorliegen. Schon die sehr viel größere Länge der jeweiligen sensiblen Phasen beim Menschen und die Tatsache, daß die Therapieresistenz sowohl bei neurotischer Verwahrlosung als auch bei neurotischer Perversion doch immer einmal wieder durch langfristige psychotherapeutische Bemühungen durchbrochen werden kann, spricht dafür, daß wir den Terminus Prägung nicht vorbehaltlos auf den Menschen übertragen können. Z. B. ist beim Menschenkind das Mutter-Erkennen, Mutter-Unterscheiden, Gernhaben und *deswegen* Nachahmenmögen kein Prägungsvorgang. Er beruht nicht, wie dieser, allein auf einem gedächtnismäßigen Einstanzen einiger optischer und akustischer Merkmale. Er ist ein Lernvorgang, in welchem die positive Gefühlsbeteiligung ein bestimmender Faktor ist. Das wissen wir deshalb, weil nicht nur der Ausfall der pflegenden Mutter Hospitalismus des Kindes hervorrufen kann, sondern ebensosehr eine kalte und lieblose Säuglingsmutter, die bewirkt, daß der Säugling die Lust verliert, seinen intentionalen Antrieb zu tätigen. Wenn so eine oft wiederholte »schlechte Erfahrung« in der frühen Kindheit auch »wie Pech klebt«, so ist es grundsätzlich doch möglich, daß sie später durch bessere Erfahrungen korrigiert wird.

Die Möglichkeit, in sensiblen Phasen grundlegende Erfahrungen zu machen, scheint sich also bei höher entwickelten Lebewesen differenziert zu haben. Abstammung heißt auf jeden Fall Verwandtschaft, und das bedeutet, daß Vergleiche von Mensch und Tier biologisch sinnvoll sind, und zwar ebenso in der Anatomie wie im Verhalten.[1] Diese Tatsache berechtigt zu einem Vergleichen und Auswerten der Befunde: Die Tierverhaltensforscher können uns an Tieren einfache Strukturen aufzeigen, die geeignet sind, unser Verständnis über die Entfaltungsbedingungen des Menschen zu vertiefen. Die Neurotisierbarkeit des Menschen gerade in der frühen Kindheit zeigt uns 1. den Vorrang des Antriebsgeschehens in den ersten Lebensjahren des Menschen und 2. seine Abhängigkeit von bestimmten biologisch festgelegten »natürlichen« Entwicklungsbedingungen, die nicht ungestraft vernachlässigt werden dürfen.

1 S. J. Illies, Schöpfung oder Evolution. Osnabrück 1979.

Ist nun all dieses Untersuchen und Vergleichen nicht dennoch geeignet, die Furcht des Menschen vor einem übersteigerten Biologismus zu verstärken? Ich würde sagen: keineswegs. Nachdenken darüber führt zu einer konträren Erkenntnis: Wenn wir entdecken, daß ein erwachsener Mensch wider bessere Einsicht und trotz schlechter Erfahrung dennoch unter der Vorherrschaft der immer gleichen wie triebhaften Handlungsvollzüge steht, so können wir aussagen, daß er teilentwicklungsgehemmt ist, daß er nicht ausgereift ist, daß ihn z. B. Antriebsfrustrationen partiell auf einer kindlichen Stufe festbannen. Denn gerade der Mangel an frühkindlicher Antriebsbefriedigung führt den Menschen in die Starre immer gleicher Handlungsvollzüge, so daß der Eindruck einer unentrinnbaren Determiniertheit entsteht. Daß das bei einer großen Zahl von Menschen heute der Fall ist, darf nicht zu dem Schluß führen, daß der Mensch dem Tiere gleich unter dem Diktat seiner Triebe stehen *muß*, sondern nur, daß viele Menschen Neurotiker sind. Die Zunahme der Neurosen heute wird deshalb ein kollektives Problem, weil es uns mit Hilfe der Medizin gelingt, die Säuglingssterblichkeit herabzusetzen, und weil unser Leben in einer unzulässigen, die Grenzen überschreitenden Weise denaturiert ist. Obgleich die Tierverhaltensforschung jünger ist als die Kinderpsychotherapie, ist es in der Zookunde schon fast eine Binsenweisheit, daß man durch Anpassung an die lebensnotwendigen Entwicklungsbedingungen der Tiere Antriebsstörungen verhindern kann. Eine entsprechende kollektive Psychohygiene in bezug auf den Menschen ist in Deutschland noch weit davon entfernt, selbstverständlich zu sein. Viele seelische Mißbildungen ließen sich sicher vermeiden, wenn es gelänge, den Menschen in ihren ersten Lebensjahren zu einer gesunden Antriebsentfaltung zu verhelfen. Während nämlich die Triebentfaltung beim Tier lediglich einmündet in starr genetisch und artspezifisch festgelegte Weisen der Erfüllung lebens- und arterhaltender Handlungen, werden in einem gesunden Entwicklungsprozeß des Menschen die Antriebsfunktionen zur speisenden Energie. Wenn sie primär genügend, befriedigend und an adäquaten Objekten getätigt sind, wird es dem Menschen geradezu erst möglich, die Vorherrschaft primitiver Instinktmechanismen zu überwinden. Und erst dann kann es dem Menschen gelingen, Entwicklungsstufen zu erklimmen, in denen er in der Lage ist, auf Grund von Reflexion und Einsicht nach freiem Entschluß zu handeln und Seele und Geist eigenschöpferisch zu entfalten in einer Weise, wie es nur ihm vorbehalten ist.

# Literaturverzeichnis

Ader, R.: Social affecting emotionality and resistance to disease in animals. III. Early weaning and susceptibility to gastric ulcus in the rat. J. Comp. Phys. Psychol. 55 (1965), 600

–: Gastric erocion in the rat: Effects of immobilization and different points in the activity cycle. Science 145 (1964), 406f.

Aichhorn, A.: Verwahrloste Jugend. Bern 1951

Alexander, F.: Psychosomatische Medizin. Berlin 1951

Altmann, M.: Naturalistic studies of maternal care in Moose an Elk. In: Rheingold, H. (Hrsg.): Maternal Behavior in Mammals. New York 1963, 233

Ambrose, J. A.: The Concept of a Critical Period for the Development of Sozial Responsiveness in Early Human Infancy. In: Determinants of Infant Behavior. II. Hrsg. von B. M. Foss. London 1963

Beach, F. A., and Haynes, J.: Effects of early experience upon the behavior of animals. Psychological Bulletin 51 (1954), 239–262

Berkson, G., Mason, W. A., and Saxon, S. V.: Situation and stimulus effects on stereotyped behavior of chimpanzees. J. Comp. Phys. Psychol. 56 (1963), 786–792

Berkson, G., and Davenport, R. K.: Stereotyped movements of mental defectives. Am. J. of mental Defic. 66 (1962), 849–852

Berna, J.: Erziehungsschwierigkeiten und ihre Überwindung. Berlin/Stuttgart [2]1959

Biermann, G. (Hrsg.): Handbuch der Kinderpsychotherapie. München/Basel 1969

Blechschmidt, E.: Anatomie und Ontogenese des Menschen. Heidelberg 1978

Bohm, E.: Lehrbuch der Rorschachpsychodiagnostik. Bern 1951

Bowlby, J.: Maternal Care and Mental Health. World Health Organization Monogr. Ser. No. 2, 1952

Brocher, T.: Psychosexuelle Grundlage der Entwicklung. Opladen 1971

Coleman, J. C.: Abnormal psychology and modern life. Chicago [3]1964

Dennis, W.: Infant development under conditions of restricted prac-

tice and minimal social stimulation. Genet. psych. Mon. 23 (1941), 143
Dührssen, A.: Psychogene Erkrankungen bei Kindern und Jugendlichen. Göttingen 1954
–: Psychotherapie bei Kindern und Jugendlichen. Göttingen 1960
–: Heimkinder und Pflegekinder in ihrer Entwicklung. Beiheft zur Kinderpsychologie. Göttingen 1964
Eibl-Eibesfeldt, I.: Grundriß der vergleichenden Verhaltensforschung. München [2]1969
Foppa, K.: Lernen, Gedächtnis, Verhalten. Köln/Berlin 1965
Ford, C. S., and Beach, F. A.: Formen der Sexualität. Hamburg [2]1969
Freud, S.: Studienausgabe, 60 Bde. Neuaufl. Frankfurt 1971
Gesell, A. und A.: Development diagnosis. New York 1947
Glueck, S. and E.: Unrevealing juvenile delinquency. New York 1950
Goldfarb, W.: Effects of early institutional care on adolescent personality. Child Developm. 14 (1943), 213
–: Infant rearing and problem behavior. Am. J. Orthopsychiatr. 13 (1943), 249
–: Effects of early institutional care on adolescent personality, Rorschach data. Am. J. Orthopsychiatr. 14 (1944), 441
–: Infant rearing as a factor in foster home replacement. Am. J. Orthopsychiatr. 14 (1944), 162
–: Psychological privation in infancy and subsequent adjustment. Am. J. Orthopsychiatr. 15 (1945), 247
–: Variation in adolescent adjustment of institutionally reared Children. Am. J. Orthopsychiatr. 17 (1947), 449
–: Rorschach test differences between family reared, institutional reared and schizophrenic children. Am. J. Orthopsychiatr. 19 (1949), 625
–: Effects of psychological deprivation in infancy and subsequent stimulation. Am. J. Psychiatr. 18 (1954), 102
–: Emotional and intellectual consequences of psychologic deprivation in infancy. In: Hoch, Ph. (hrsg.): Psychopathology of childhood. New York 1955
Gray, P. H.: Theory and evidence of imprinting in human infants. J. of Psychol. 46 (1958), 155–166
Harlow, H. F.: The nature of love. Am Psych. 13 (1958), 673

– and Zimmermann, R. R.: Affectional responses in the infant monkey. Science 130 (1959), 421

–: The heterosexual affectional system in monkeys. Am Psych. 17 (1962 a), 1

– and Zimmermann, R. R.: Affectional responses in the infant Bull. Menninger Clinic 26 (1962 b), 213

–: Social deprivation in monkeys. Scientific American 207 (1962 c), 137

– and Rowland, G.: The effect of total social deprivation on the development of monkey behavior. Rec. on Schizophrenia 116 (1964)

–: Total social isolation. Science 148 (1965), 666

– and Seay, B.: Mothering in motherless mother monkeys. The Brit. J. of Social-Psychiatr. 1 (1966), 63

– and Harlow, M., Dodsworth, A.: Maternal behavior of rhesus monkeys deprived of mothering and peer associations in infancy. Prodeedings of the Am. Phil. Society 110 (1966), 58

– and Harlow, M.: Affection in primates, Discovery Jan. 1966

– –: Reifungsfaktoren im sozialen Verhalten. Psyche-Beiheft: Festschrift für R. Spitz, Stuttgart 1967

Hassenstein, B.: Angst und Flucht bei Tieren. Universitas 5 (1965), 507–516

–: Vergleich soziologischer Prinzipien bei Tieren und Menschen. Freiburger Dies Universitatis 10 (1962/63), 1–9

Hediger, H.: Mensch und Tier im Zoo. Zürich/Stuttgart/Wien 1965

–: Über Bewegungsstereotypien bei gehaltenen Tieren. Rev. Suisse Zool. 41 (1934 a), 17

Heinroth, O.: Beiträge zur Biologie. Berlin 1910

Hellbrügge, Th.: Kindliche Entwicklung und soziale Umwelt. München 1964

Holzapfel, M.: Über Bewegungsstereotypien bei gehaltenen Säugern. Z. Tierpsychol. I/II, 2 (1938), 46–72

Illies, J.: Die Affen und wir. Hamburg 1970

–: Zoologie des Menschen. München 1971

Illies, J.: Schöpfung oder Evolution. Osnabrück 1979

Inhelder, E.: Skizzen zu einer Verhaltenspathologie reaktiver Störungen bei Tieren. Schweizer Archiv für Neurologie, Neurochirurgie und Psychiatrie, Bd. 89, H. 2 (1962)

Jores, A.: Der Mensch und seine Krankheit. Stuttgart [4]1970
Kinsey, A. C.: Das sexuelle Verhalten der Frau. Berlin/Frankfurt 1953
Klimmer, R.: Die Homosexualität als biologische und soziologische Zeitfrage. Hamburg 1958
Klingel, H. und U.: Die Geburt eines Zebras. Z. Tierpsychol. 23, 3 (1966), 72
Kujatt, B.: Über Fettsucht in der Präpubertätszeit. Analyt. Psychotherapie und Erziehungshilfe 129 (1952)
Levy, D. M.: Experiments on the sucking reflex and social behavior of dogs. Am. J. Orthopsychiatr. 4 (1934), 203–224
Leyhausen, P. (mit K. Lorenz): Antriebe tierischen und menschlichen Verhaltens. München [3]1971
Liddell, H.: The Influence of Experimental Neuroses on Respiratory Function. In: Abramson, H. A.: Treatment of Asthma. Baltimore 1951
Lind, H.: The Activation of an Instinct caused by a »Transition Action«. Behavior 14 (1959), 123–135
Lorenz, K.: Das sogenannte Böse. Wien 1963
–: Über tierisches und menschliches Verhalten. Gesammelte Abhandlungen, Bd. I und II. München [14]1971 und [8]1970
McDougall, W.: Psychopathologie funktioneller Störungen. Leipzig 1931
Maisch, H., Schönberg, D., und Wallis, H.: Psychosomatische Aspekte der einfachen Adipositas im Kindesalter. Psyche XIX, 6 (1965), 339–364
Mason, W. A.: The social development of monkeys and apes. In: De Vore (Hrsg.): Primate Behavior. New York 1965
–: The effects of social Restriction on the Behavior of Rhesus Monkeys. J. Comp. Phys. Psychol. 53 (1960), 582–589 I.; II. ebd. 54 (1961), 287–290; III. ebd. 54 (1961), 694–699
–: Determinantes of social Behavior in Young Chimpanzees. In: A. M. Schiser et. al.: Bahavior of Nonhuman Primates II. New York/London 1965
Matussek, P.: Störungen des Sexuallebens. In: Handbuch der Neurosenlehre und der Psychotherapie. Berlin/München 1959
Meierhofer, M., und Keller, W.: Frustration im frühen Kindesalter. Bern 1966

Melzack, R.: Effects of early perfectual restriction on simple visual discrimination. Science (1937), 978

– and Scott, T. H.: The effects of early experience on the response to pain. J. Comp. Phys. Psychol. 50 (1937), 155–161

Menzel, E. W., jr.: Pattern of Responsiveness in Chimpanzees Reared through Infancy under Conditions of Environmental Restrictions. Psychol. Forschung 27 (1964), 337–365

Meves, C.: Bericht über die psychagogische Arbeit mit einem entwicklungsgehemmten neunjährigen Jungen. Pr. Kinderpsychol. 6 (1965), 197–208

–: Vergleichbare Strukturen von Verhaltensstörungen bei Kindern und Tieren. Pr. Kinderpsychol. 8 (1967), 273–280

– und Simonsen, H.: Katamnesen nach Krankenhausaufenthalt im Kindesalter. Pr. Kinderpsychol. 6 (1968), 197–204

– (mit A. Mitscherlich, U. Steffen u. a.): Aggression und Autorität. Stuttgart 1969

– Vergleichbare Verhaltensstörungen bei Kindern und Tieren. Z. prakt. Psychol. 1/2 (1969), 31–42

–: Die Schulnöte unserer Kinder. Hamburg [6]1976

–: Mut zum Erziehen. Hamburg [9]1978

–: Erziehen lernen in tiefenpsychologischer Sicht. München [6]1979

–: Manipulierte Maßlosigkeit. Freiburg [21]1979

–: Wunschtraum und Wirklichkeit. Freiburg [10]1979

–: Kinderschicksal in unserer Hand. Freiburg [7]1978

– (mit J. Illies): Lieben – was ist das? Freiburg [12]1978

– (mit J. Illies): Mit der Aggression leben. Freiburg [4]1978

Meves-Schetelig, U.: Die erste Lebenswoche, Kassel 1980

Meyer-Holzapfel, M.: Über die Bereitschaft zu Spiel- und Instinkthandlungen. Z. Tierpsychol. 13 (1956), 442–464

–: Das Verhalten der Bären. Handbuch der Zoologie 8/10 (1957), 1–28

Neumann, E.: Das Kind. Zürich 1963

Neumann, U.: Wieviel Liebe braucht ein Kind? Stuttgart 1970

Newton, N. R. und M.: Relationship of ability to breastfeed and maternal attitudes toward breast feeding. Pediatrics 5 (1950), 869

Pawlow, J. P.: Sämtliche Werke, 6 Bde. Berlin 1953

Peiper, A.: Die Eigenart der kindlichen Hirntätigkeit. Leipzig 1949
–: Instinkt und angeborenes Schema beim Säugling. Z. Tierpsychol. 8 (1951)
Ploog, D. W.: Verhaltensforschung und Psychiatrie. In: Psychiatrie der Gegenwart. Forschung und Praxis, Bd. I/113. Berlin/Göttingen/Heidelberg 1964, 291
–, Blitz, J., und Ploog, F.: Studies of social and sexual behavior of the Squirrel Monkey. Fol. primat. 1 (1963), 29–66
Portmann, A.: Biologische Fragmente zu einer Lehre vom Menschen. Basel [3]1968
Prechtl, H., und Schleidt, W. M.: Auslösende und steuernde Mechanismen des Saugaktes. Z. vgl. Physiol. 32 (1950)
Prechtl, H.: Die Eigenart und Entwicklung frühkindlicher Motorik. Klin. Wschr. 34 (1956)
Rasa, O. A. E.: Appetence for Aggression in Juvenile Damsel Fish. Z. Tierpsychol., Beih. 8 (1971)
Rensch, B.: Homo sapiens. Göttingen 1970
Ribble, M. A.: Clinical Studies of Instinctive Reactions in Newborn Babies. Am. J. Psychiatr. 95 (1938)
Schetelig, H.: Entscheidend sind die ersten Lebensjahre, Freiburg 1980
Schmalohr, E.: Folgen früher sozialer Isolierung bei Mensch und Tier. Pr. Kinderpsychol. 7 (1966), 246–251
–: Frühe Mutterentbehrung bei Mensch und Tier. München/Basel 1968
Schultz, J. H.: Perverse Fehlhaltungen. In: Handbuch der Neurosenlehre und der Psychotherapie. München/Berlin 1959, 9, 246 bis 262
Schultz-Hencke, H.: Lehrbuch der analytischen Psychotherapie. Stuttgart 1951
Schutz, F.: Die Bedeutung früher sozialer Eindrücke während der »Kinder- und Jugendzeit« bei Enten. Z. für angew. Psychol. 1 (1964), 169–178
–:Homosexualität und Prägung. Psych. Forschung 28 (1965), 439–463
–: Sexuelle Prägung bei Anatiden. Z. Tierpsychol. 22 (1965), 50–103
–: Homosexualität bei Tieren. Studium Generale 5 (1966), 273 bis 285

Schwidder, W.: Neoanalyse. In: Handbuch der Neurosenlehre und der Psychotherapie, Bd. III. München/Berlin 1959

–: Psychosomatik und Psychotherapie bei Störungen und Erkrankungen des Verdauungstraktes. Documenta Geigy. Acta psychosomatica, Nr. 7. Basel 1965

–: Zur poliklinischen Behandlung psychogener Erkrankungen des Kindes- und Jugendalters. Praxis Kinderpsychol. 1 (1952), 33

Scott, J. P.: Animal Behavior. Chicago 1958

Spitz, R.: Nein und Ja. Stuttgart 1960

–: Vom Säugling zum Kleinkind. Stuttgart 1962

Tilney, F. E., and Casamajor, L.: Myelinogeny as Applied to the Study of Behavior. Arch. Neurol. Psychiatr. 12 (1924)

Tinbergen, N.: Instinktlehre. Berlin/Hamburg 1964

Thompsen, W. R., Melzack, R., and Scott, T. H.: »Whirling behavior« in dog as related to early experience. Science 123 (1956), 939

Uexküll, T. v.: Grundfragen der psychosomatischen Medizin. Hamburg 1963

Wickler, W.: Vergleichende Verhaltensforschung und Phylogenetik. In: Die Evolution der Organismen, Bd. I (hrsg. von G. Heberer). Stuttgart 1967

–: Stammesgeschichte und Ritualisierung. München 1970

# Kind und Erziehung bei Piper (eine Auswahl)

## Abhauen oder Bleiben?

Berichte und Analysen aus der Jugendarbeit. Herausgegeben von Lothar Böhnisch/ Richard Münchmeier/Ekkehard Sander. 1980. 304 Seiten

## Elisabeth Badinter
## Die Mutterliebe

Geschichte eines Gefühls vom 17. Jahrhundert bis heute.
Aus dem Französischen von Friedrich Griese. 1981. 328 Seiten

## Bruno Bettelheim
## Gespräche mit Müttern

5. Aufl., 23. Tsd. 1982. 234 Seiten. Serie Piper 155

## Andreas Flitner
## Spielen – Lernen

Praxis und Deutung des Kinderspiels. 6. Aufl., 39. Tsd. 1980. 137 Seiten. Serie Piper 22

## Bernhard Hassenstein
## Instinkt Lernen Spielen Einsicht

Einführung in die Verhaltensbiologie. 1980. 259 Seiten mit 33 Abbildungen. Serie Piper 193

## Bernhard Hassenstein
## Verhaltensbiologie des Kindes

3. Aufl., 25. Tsd. 1980. 459 Seiten mit 29 Abbildungen

## Bernhard Hassenstein/Helma Hassenstein
## Was Kindern zusteht

2. Aufl., 14. Tsd. 1978. 188 Seiten. Serie Piper 169

## Elfriede Höhn
## Der schlechte Schüler

Sozialpsychologische Untersuchungen über das Bild des Schulversagers.
Überarbeitete Neuausgabe. 1980. 268 Seiten. Serie Piper 206

## Louise J. Kaplan
## Die zweite Geburt

Dein Kind wird zur Persönlichkeit. Mit einem Nachwort von Margaret S. Mahler.
Herausgegeben von Reinhard Fatke. Aus dem Amerikanischen von Hainer Kober.
1981. 258 Seiten